Polyglott-Reiseführer

Bern
Berner Oberland

Eugen Hüsler

Polyglott-Verlag München

Langenscheidt Mini-Dolmetscher Schwyzerdütsch

Das ABC der Schweizer Dialekte:
ein paar Ausdrücke und Redewendungen,
die man verstehen muss – „nüd so eifach".

Alltags-Wortschatz

Grüezi!	Guten Tag!
Sali!	Guten Tag!
Salü!	
Tschau!	Tschüss!
Adieu! [adiö]	Auf Wiedersehen!
Uf Widerluege!	
Hoi!	Hallo! (Ostschweiz)
Äxgüsi!	Entschuldigung!
Isch wahr?	Ist es wahr, was du soeben erzählt hast? (Ausdruck von Erstaunen)
..., oder?	sagt der Zürcher nach jedem zweiten Satz
..., gället'Sii?	..., nicht wahr?

Billet	Fahrkarte, auch: Führerschein
Perron	Bahnsteig
Car	Reisebus
Tram	Straßenbahn
Töff	Motorrad
Füereruswiis	Führerschein
parkieren	parken
Trottoir [trottwar]	Gehsteig

es Pötäterli	Feuerzeug
Chrut und Rüebli/Ruebe	Durcheinander
en Chnopf / d'Chnöpf	kleines Kind / die Kinder
Duvet [düwe]	Oberbett
Coiffeur [koafför]	Friseur

rüdig (guet)	sehr (gut) (in Luzern)
es bitzeli	ein bißchen
amigs	manchmal
Chunsch ändli?	Kommst du endlich?
Lass' sii	Lass es sein.
Hör uf liiere.	Nur nichts überstürzen.
Nume nid gschprängt.	Hör auf zu nörgeln.
Es isch mer gschmuech.	Es ist mir nicht gut.
poschte	einkaufen
öppedie	ab und zu
verchlöpft	erschrocken
dure bi rot	durchgedreht, verrückt
gruusig	ekelhaft
scharmiere	flirten (Wallis)

Was man oft so hört

Zugehört in der Beiz – und nichts verstanden? Wir helfen Ihnen weiter.

[chuchichäschtli]	Jeder kennt's, keiner spricht das „Küchenkästchen" richtig
s'Zäni!	toll! (Zäni = zehn)
ghupft wie gsprunge	einerlei, egal
wie's Bisiwätter	schnell
brümmele	leise vor sich hin schimpfen
gluschtig mache	auf etwas Appetit machen
Büez(er)	Arbeit(er)
Chlapf	Knall
Chreis Cheib	(Rotlicht-)Quartier in Zürich
Matten-Änglisch	Quartierdialekt in Bern
Beppi	Basler (humorvoll)
Grind	Kopf (sehr grob)
en herte Grind	Dickschädel
Witzknolle	Witzbold
e glatte Cheib	ein lustiger (oder eigenartiger) Kerl
Schnuri	einer, der viel redet
Tschugger	Polizist (abwertend)
verseckle	jemanden betrügen, hintergehen, versetzen
Seckle	Rennen (salopp)
trümlig	schwindlig
gingge	treten (grob)
Gingg	Tritt
Er isch durebrännt.	Er ist abgehauen (meistens der Ehemann).

Zählen, rechnen

eis	eins
zwei	zwei
drü	drei
vier	vier
föif	fünf
sächs	sechs
sibe	sieben
acht	acht
nün	neun
zäh	zehn
Dezi	ein Zehntel Liter
Münz	Kleingeld
Fuffzgi, Fuffzgerli	50-Rappen-Stück
Stutz	Franken – in Verbindung mit einer Zahl, sonst: Knete, viel Geld

Föifliber	5-Franken-Stück
Füffzger	50-Franken-Note
Rappespalter	Geizhals

Essen und Trinken

Da sind die Schweizer ganz groß!
Von den Zürchrn sagt man sogar, dass
Essengehen ihre beliebteste Freizeit-
beschäftigung sei.

E Guete!	Guten Appetit!
Guet gsi!	Es hat geschmeckt!
Zmorge	Frühstück
Znüni	Zwischenmahlzeit (vormittags)
Zmittag	Mittagessen
Zvieri	Zwischenmahlzeit (nachmittags)
Znacht	Nachtessen
Dessert [dessär]	Nachtisch
Beiz	Wirtschaft
Spunte	einfachere Gaststätte
Kafi güx	Kaffe mit Schnaps – und
Kafi fertig	diesen gibt es in vielen
Kafi mit	Variationen
Kaffee crème	Kaffe mit Sahne
Schale	Milchkaffee
es Zweierli	0,2 Liter Wein
es Drüerli	0,3 Liter Wein
Pfiff	Glas Veltliner-Wein
Stange	kleines Bier
Caquelon [kagglon]	Fonduetopf
Aelpler-magrone	Gericht aus Kartoffeln, Makkaroni, Käse und Zwiebeln
Anke	Butter
Berner Platte	Sauerkraut, Salzkartof-feln, Speck, Wurst und Rippchen
Bölle	Zwiebel
Bölledünne	Zwiebelkuchen (Nordschweiz)
Chabis	Kohl
Chriesi	Kirschen
Chrottepösche (salat)	Löwenzahn(salat)
Fuschtbrot	Brot mit Wurst drauf
Gipfeli	Kipferl
Gomfi	Marmelade (Konfitüre)
Gschwellti	Pellkartoffeln
Güggeli	Brathähnchen
Gummeli-schtunggis	Kartoffelpuffer
Härdöpfel	Kartoffeln
es Igchlemmts	Sandwich (»Einge-klemmtes«)

Meringue [meränge]	Baiser (Schaumgebäck aus Eiweiß)
Nidel	Haut auf der Milch
Nüsslisalat	Feldsalat
Nuttedisel	Champagner
Plätzli	Schnitzel
Rahm	Sahne
Rande	Rote Rübe
Röschti	das Schweizer National-gericht aus geraspelten gebratenen Kartoffeln
Rüebli	Karotte(n)
Ruchbrot	dunkles Brot
Schoggi	Schokolade
Schüblig	Wurstspezialität aus St. Gallen
Spatz	Suppe mit (wenig) Fleisch und Gemüse (klassisches Essen im Militärdienst)
Vermicelles [wermisell]	Nachtisch aus pürierten Esskastanien
Weggli	weißes Brötchen
Wii	Wein

Sport

Dass der Sport seine eigene Sprache hat,
wissen wir ja.

tschutte	Fußball spielen
Gool!	Tor!
Corner [korner]	Eckball
Velo [welo]	Fahrrad
Veloränne	Radrennen
Heugümper	Heuschrecke = Grasshopper (bekannteste Schweizer Fußballmannschaft)

Flüche

In den Schweizer Dialekten gibt es eine
Unmenge von (mehr oder weniger) derben
Ausdrücken, die aber oft nur verbalisierte
Ausrufezeichen sind.

Verreckt rüdig!	ganz, ganz besonders (meistens positiv)
Chaibe Züg!	So was!
Miner Närve!	Das ist nicht zum Aushalten/Ertragen!
Potz heitere Fahne!	Mein lieber Mann! Liebe Güte!
Stärne föifi!	Verdammt noch mal!
Blas mer i d'Schue!	Du kannst mich mal!
Läck mi!	
Gottverdeckel! Gottfridstutz!	Sehr derbe Ausdrucks-weisen der Verärgerung

Allgemeines

Stadtbeschreibung

Bern – Beamte, Burger und Bürger　　　　　　　　　　　　**S. 30**

„Nume nit gschprängt" sagt der Berner und meint damit, dass allzu viel Eile nur schadet. So ist es nicht verwunderlich, dass sich die Bundeshauptstadt heute noch in ihrem historischen Gewand präsentiert. Unter den Lauben lässt sich der Charme der Altstadt auch bei schlechtem Wetter entdecken.

Routenbeschreibungen

Route 1 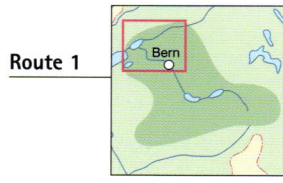 **Die große Seenrunde**　　　　**S. 40**

Biel am gleichnamigen See versprüht durch das Miteinander von Welsch und Schwyzerdütsch seinen eigenen Reiz; von Solothurn sagt man, dass es deutsch spricht, aber französisch fühlt.

Route 2 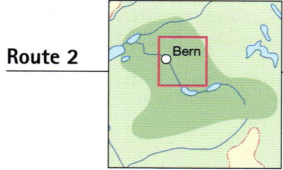 **Das Emmental**　　　　　　　**S. 50**

Die Hügellandschaft mit ihren behäbigen Dörfern und stattlichen Bauernhäusern wirkt wie eine Bilderbuchidylle – fast zu schön, um wahr zu sein.

INHALT

Routenbeschreibungen

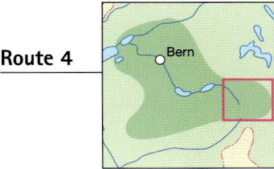
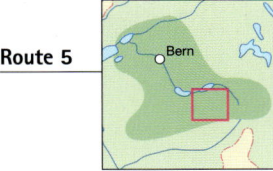
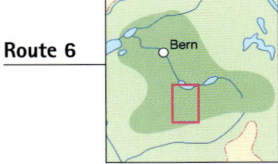
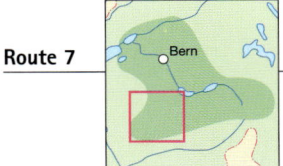
Bildnachweis

Alle Fotos Ralf Freyer außer Daniel Anker: 7/2, 9/1, 13, 17/2, 19/2, 25/1, 29/3, 31/1, 61/3; APA/Bill Wassman: 79/2; Archiv für Kunst u. Geschichte: 15, 17/3, 19/1; BLS Lötschbergbahn: 27/1; Eugen Hüsler: 47/3, 73/1–2; SC Sarner-Christal-AG: 61/1; Daniel Wietlisbach: 11/1+3, 23/3, 27/3, 39/2–3, 69/3, 71/1, 75; Zentralschweiz-Tourismus: 71/2; Tony Stone/Shaun Egan: Umschlag (Bild); Superbild/Bernd Ducke: Umschlag (Flagge).

Editorial

Simmentaler Bauernhaus

Seit sich die englischen Gentlemen des 1857 gegründeten Alpine Club als erfolgreiche Gipfelstürmer erwiesen, sind die Berner Hochalpen ein Dorado leidenschaftlicher Bergsteiger. Wer kennt es nicht, das Dreigestirn Eiger, Mönch und Jungfrau, das nach wie vor Gäste aus aller Welt fasziniert? Aber nicht nur Eis- und Felsriesen, sondern auch tosende Wasserfälle, einladende Seen, in denen sich die Gletscherwelt spiegelt, und die abwechslungsreiche Landschaft zwischen dem Jura und dem hohen Alpenkamm ziehen vor allem naturliebende Urlauber in den zweitgrößten Kanton der Schweiz.

Ein Berg mit Geschichte: die Jungfrau

Reisende treffen hier auf eine fast unwirklich schöne Spielzeuglandschaft mit schmucken Städtchen und Dörfern, deren alte Bausubstanz heute noch intakt ist. Stattliche Bauernhäuser mit üppigem Blumenschmuck im fruchtbaren Mittelland zeugen von der Bedeutung der Berner Landwirtschaft. Nicht zu vergessen das für seinen Käse berühmte Emmental, in dem es mehr Fahrrad- und Wanderwege als Straßen gibt und Brauchtum noch nicht zur Show verkommen ist. Und die Kantons- und Landeshauptstadt Bern, mit ihren Brunnen und Lauben ein Juwel, ist in der Schweiz ohne Gegenstück.

An Superlativen fehlt es dem Herzstück der Eidgenossenschaft wahrlich nicht. Dass der Kanton bis heute von den ärgsten Auswüchsen des Massentourismus verschont geblieben ist, hat wohl etwas mit der berühmten bedächtigen Art der Berner zu tun.

Top of Europe: das Jungfraujoch mit dem Aletschfirn

Der Autor

Eugen Hüsler, gebürtiger Zürcher, lebt heute als Autor und Fotograf in Oberbayern. Er ist Verfasser zahlreicher Bücher und Zeitschriftenbeiträge zu alpinen Themen. Als leidenschaftlicher Bergsteiger betrachtet er die Schweiz am liebsten von oben, von den Gipfeln aus, ohne dabei das Leben im Tal, historische Bezüge und aktuelle Entwicklungen aus den Augen zu verlieren. Für den Polyglott-Verlag schrieb er die Reiseführer Schweiz und Zürich/Zentralschweiz.

Käse, Mutzen und Viertausender

Lage und Landschaft

Mit einer Fläche von 6000 km² ist Bern nach Graubünden der zweitgrößte Kanton der Schweiz. Seitdem der Jura 1979 ein eigener Kanton wurde, ist der im Zentrum der Schweiz gelegene Kanton Bern (fast) ohne Grenze zum Ausland, dafür zählt er insgesamt zwölf Kantone als Nachbarn: im Westen Waadt (Vaud), Freiburg (Fribourg) und Neuenburg (Neuchâtel), im Norden Jura, Basel-Land, Solothurn und Aargau, im Osten Luzern, Obwalden, Nidwalden und Uri, im Süden Wallis (Valais).

Berge und Seen

Der Kanton Bern hat Anteil an den drei Großlandschaften der Schweiz: Jura, Mittelland und Alpen. Über die Hälfte des Kantongebietes wird von den Alpen geprägt. Die Mächtigkeit dieser Felsbarriere kann eigentlich nur richtig erfassen, wer sich die Höhenunterschiede bewusst macht: Interlaken liegt auf kaum 600 m, der gerade 20 km entfernte Gipfel der Jungfrau ist über 4000 m hoch!

Höchste Erhebung im Kanton Bern ist das Finsteraarhorn (4274 m), gefolgt von Jungfrau (4158 m), Mönch (4107 m) und Schreckhorn (4078 m). Außerordentlich stark ist die Vergletscherung (Lauteraar-, Grindelwaldgletscher u. a.).

Entwässert werden die Berner Alpen zur Aare, die bei Waldshut in den Rhein mündet. Ihre wichtigsten Zuflüsse sind Saane, Simme, Kander und Emme. Von der Aare durchflossen werden auch die beiden größten Seen des Oberlandes, der Brienzer See (29 km²) und der Thuner See (48 km²).

Nördlich der Linie Gstaad – Interlaken – Brünigpass nimmt die Höhe der Gebirgsketten kontinuierlich ab, läuft das Alpenvorland ins Mittelland aus. Höchste Erhebung des bernischen Jura ist der Chasseral (1607 m).

Klima und Reisezeit

Der Kanton Bern, nördlich des Alpenhauptkammes gelegen, hat ein vom Atlantik, aber auch von kontinentalen Strömungen bestimmtes Klima mit recht starken Temperaturschwankungen und über das Jahr verteilten Niederschlägen, die oberhalb von 3000 m meist als Schnee fallen. Vergleichsweise mild, weil gegen die kalten Nordwinde – *Bise* – geschützt, ist das Klima am Bieler See und im Aaretal.

Madame Meyer

Alpinistisch berühmt ist der Eiger mit seiner Nordwand, höher aber die Jungfrau. Aus ihr machte der Volksmund nach der Erstbesteigung durch die Brüder Meyer im Jahr 1811 gleich eine „Madame Meyer".

Ein bekannter, von manchen recht ungern gesehener Gast im Berner Oberland ist der *Föhn,* ein trockener, stürmischer Fallwind, der als Folge des Druckausgleichs zwischen Zonen hohen und tiefen Luftdrucks besonders am Alpennordrand auftritt. Unter seinem Einfluss steigt die Temperatur sprungartig an, was im Frühling große Schneemengen zum Schmelzen bringt.

Die beste Reisezeit für Touren ins Hochgebirge, für Radel- und Badetage ist natürlich der Sommer. Hauptreisemonate auch für die Einheimischen sind Juli und August; für diesen Zeitraum empfiehlt es sich, Unterkünfte vorzubuchen. Zum Wandern eignet sich neben dem Sommer auch der

Herbst sehr gut, wenn sich die Bäume allmählich verfärben, der Föhn oft noch für angenehme Temperaturen sorgt und die Sicht von den Gipfeln fast grenzenlos weit reicht. Wintersportfans treffen von Mitte Dezember bis April auf gute Schneeverhältnisse.

Natur und Umwelt

Beim Stichwort Flora denkt man wohl zunächst an die herrlichen Alpenblumen, blühenden Kräuter und Zwergstrauchheiden, die Wanderer und Bergsteiger bis in die Regionen des ewigen Schnees begleiten. Die Zeit, als Kinder Edelweißsträuße am Straßenrand feilboten, sind längst vorbei, denn mittlerweile stehen Edelweiß (Leontopodium alpinum), verschiedene Enzianarten (Gentiana), Kohlröschen (Nigritella nigra), Alpen-Mannstreu (Eryngium alpinum), Feuerlilie (Lilium bulbiferum) und Alpen-Akelei (Aquilegia alpina) unter strengem Schutz.

Die Fauna unterscheidet sich nicht wesentlich von der anderer Alpenregionen. Verbreitet sind Gams und Murmeltier. Selten, aber nicht mehr gefährdet ist der Steinadler, den man mit etwas Glück über den Hochtälern kreisen sieht. Auch dem einst in den Schweizer Alpen ausgerotteten Steinwild kann man in den Berner Alpen wieder begegnen. Am Thuner und Brienzer See sind Blässhuhn und Zwerghuhn heimisch, hier tummeln sich Forellen, Hechte, Barsche und Felchen. Unter Naturschutz stehen Fischotter, Biber, Feuersalamander und Igel.

Natur contra Kommerz

Die Berner wissen genau, dass eine intakte Natur das Kapital der Region ist und ihnen nur eine möglichst unversehrte Bergwelt weiterhin viele Besucher bescheren wird. So sind nicht zuletzt wirtschaftliche Interessen der Grund dafür, dass Naturschutz im Bernbiet groß geschrieben wird: Der Ausbau von Skigebieten ist nicht vorgesehen, große Straßenbauprojekte wie

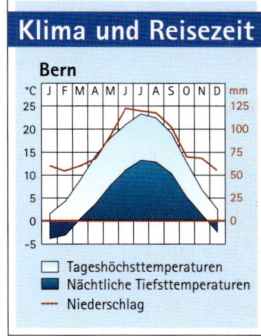

Klima und Reisezeit

Bern

- Tageshöchsttemperaturen
- Nächtliche Tiefsttemperaturen
- Niederschlag

Seit ein paar Jahrzehnten ist der Steinbock wieder in den Schweizer Alpen heimisch

der Rawyltunnel wurden ad acta gelegt, Baubewilligungen erteilt man zurückhaltend, dafür wird der öffentliche Verkehr gefördert. Gerade das Hochgebirge bildet ein hochsensibles Ökosystem, mit dem man besonders umsichtig umgehen muss. Dazu gehört, dass Wiesen nicht niedergetrampelt, das Wild durch Tourenskifahrer nicht aufgescheucht und Gewässer nicht verschmutzt werden.

Bevölkerung, Religion, Sprache

Rund 950 000 der insgesamt etwa 7,1 Mio. zählenden Einwohner der Schweiz leben im Kanton Bern. Damit ist er nach Zürich der bevölkerungsreichste Kanton. Die Bevölkerungsdichte ist allerdings sehr unterschiedlich. Weit mehr als die Hälfte der Berner lebt in und um die Ballungsräume Bern und Biel. Die Bundeshauptstadt Bern zählte um die Mitte des 19. Jhs. gerade mal 28 000 Einwohner; heute sind es 133 500 mit – wie in allen größeren Schweizer Städten – leicht sinkender Tendenz. Während im Landesdurchschnitt der Ausländeranteil 16 % beträgt, sind es im Kanton Bern 11 %. Etwa 80 % der Berner bekennen sich zur evangelischen Kirche, 18 % sind katholisch. Für etwa 85 % der Bevölkerung ist Schwyzerdütsch die Muttersprache, für 8 % – vor allem im Nordwesten – ist es Französisch.

Und wie der Bär (Mutz) ins Wappen, so gehört der Dialekt zum Berner. Sein Bärndütsch ist der wohl ausgeprägteste – und vielleicht schönste – Schweizer Dialekt, auch wenn er mitunter schnöde als Halskrankheit bezeichnet wird. Nicht ohne Grund haben Mundart-Theater und -Chanson (s. S. 18) gerade in Bern ihren Ursprung, und dass sich

Lötschberg oder Gotthard?

Dass der Schweizer Föderalismus überaus lebendig ist und Kantönligeist oft über den Willen zu gemeinsamem Handeln triumphiert, bekommen insbesondere Verfechter großer Ideen immer wieder zu spüren: Die Bühne ist für Bahnbrechendes mitunter nicht groß genug. So ähnlich wird man in ein paar Jahrzehnten vielleicht auch die beiden zukunftsweisenden Großprojekte der Schweizer Bundesbahnen (SBB) die „Neue Eisenbahn-Alpentransversale" abgekürzt NEAT, beurteilen. Für den modernen Transitverkehr sind die bestehenden Tunnelprofile zu klein und die Kurvenradien zu eng. Zwei Basistunnel und neue Hochgeschwindigkeitsstrassen, von Heustich bis ins Rhonetal (Lötschberg-Basistunnel) und von Arth-Goldau bis kurz vor Lugano (Gotthard-Basistunnel), sollen deshalb Abhilfe schaffen. Was eine Volksmehrheit per Stimmzettel bejahte, droht jetzt an leeren Staatskassen und Streitigkeiten zu scheitern.

Das „doppelte Lottchen" könnte dem NEAT-Vorhaben aber nun zum Verhängnis werden. Immer neue Studien und Bedarfsberechnungen werden präsentiert; die Berner fürchten einerseits, ohne den Lötschbergtunnel ins verkehrspolitische Abseits zu geraten, in der Westschweiz misstraut man andererseits den Gotthard-Befürwortern. Die Folge ist nun, dass der Bau blockiert wird; von Schulden ohne Ende war schon die Rede. Nach geologischen Problemen in der sog. Piora-Mulde sind die Arbeiten am Gotthard-Sondierstollen gestoppt worden, für den Lötschberg wird der Jungfrau-Keil als Problem angeführt, Einsprüche der Urner und Tessiner Bevölkerung verzögern die Planung. Der Alpentransit made in Switzerland mit Zügen, die mit rund 200 Stundenkilometern auf schnurgeraden Trassen durch die neuen Alpentunnels flitzen, wird so möglicherweise Zukunftsmusik bleiben – Opfer der Kleinstaaterei?

sogar Homers „Odyssee" problemlos in berndeutsche Hexameter übertragen ließ, beweist die Ausdruckskraft dieses Idioms!

Lüdern–Chilbi und Zibelemärit

Mitten im Sommer findet im Emmental die Lüdern-Chilbi statt, ein großes *Alpfest,* wo Alphornbläser und Fahnenschwinger ihr Bestes geben, wo gejodelt und getanzt wird. Alpfeste kennt man fast im ganzen Kantonsgebiet, auch im Berner Oberland, wo sie „Bergdorfet" heißen. Zum Kirchweihbetrieb, Chilbi, gehören Fahnenschwingen, Alphornblasen, Musik und Tanz, wobei – wie auch beim sonntäglichen Kirchgang – da und dort noch alte Trachten getragen werden.

Die Älplerfeste auf der Großen Scheidegg, am Männlichen, auf dem Brünig und am Hahnenmoos sind in erster Linie Schwingfeste, sportliche Anlässe also, bei denen der Berner Nationalsport Ringen im Vordergrund steht.

Zu den Älplerfesten gehört oft auch ein Gottesdienst unter freiem Himmel, z. B. im Kandertal: Am ersten Sonntag im August liest der Pfarrer in Gastern Texte aus der von einem Berner Patrizier 1696 gestifteten „Gasternbibel".

Ein ebenso ungewöhnlicher wie origineller Sport wird im Emmental gepflegt: *Hornussen,* entfernt dem Baseball verwandt. Dabei muss eine Partei versuchen, mittels einer langen, elastischen Stahlrute eine Kunststoffscheibe möglichst weit ins gegnerische Feld zu schlagen, was wiederum die Gegenpartei zu verhindern sucht, allerdings auf eine recht seltsame Art: indem Schindeln (Holztafeln) in die Flugbahn der Scheibe geschleudert werden.

Sobald die Trauben reif sind, feiert man in den Winzerdörfern am Nordufer des Bieler Sees an fünf Sonntagen nacheinander die sog. Lesesonntage, da und dort mit Umzug. In den alten bäuerlichen Genossenschaften wurzelt der „Chästeilet". Dabei wird der Käseertrag des Sommers symbolisch unter den Bauern verteilt. Am vierten Monat im November feiert dann Bern ein Riesenspektakel, den „Zibelemärit" (Zwiebelmarkt). Bei diesem Volksfest herrscht rund um das Bundeshaus ein lebhaftes Treiben, und man hört fast so viel Züridütsch wie Bärndütsch.

Wirtschaft

Bern ist ein traditioneller Agrarkanton. Wald, Wiese, Acker und Vieh bilden noch heute, trotz zunehmender Industrialisierung, die Grundlage seiner Wirtschaft. Im Emmental sind sie sogar von zentraler Bedeutung. Folgerichtig gehören Käse, von dem jährlich rund 125 000 Tonnen produziert werden, und andere Milchprodukte wie die berühmte Schweizer Schokolade zu den wichtigsten Exportgütern. Zwei davon sind – neben dem Emmentaler – weltweit bekannt: Toblerone-Schokolade und Ovomaltine-Kakaopulver. Die Industriebetriebe (Textil, Pharma, Uhren, Maschinen u. a.) konzentrieren sich auf den Raum Bern/Biel.

Im Berner Oberland ist natürlich der Fremdenverkehr der wichtigste Wirtschaftsfaktor. Jeder zweite Arbeitsplatz

zwischen Thun und dem Haslital steht direkt oder indirekt in Zusammenhang mit dem Tourismus. Entsprechend stark bekommen hier viele Betriebe die Folgen des harten Frankens und nicht die ausländische Konkurrenz zu spüren: Touristen wie auch Herr und Frau Schweizer entscheiden sich immer öfter für einen Urlaub an sonnigen Stränden in fernen Ländern.

Staatswesen

Bern ist einer von insgesamt 23 Kantonen (drei davon sind in Halbkantone unterteilt), aus denen sich die Schweiz – amtlich Schweizerische Eidgenossenschaft – zusammensetzt. Nach der Verfassung von 1848, die in ihrer 1874 revidierten Form noch heute Gültigkeit hat, ist die Schweiz ein Bundesstaat mit stark föderalistischen Zügen. In den Kompetenzbereich des Bundes fallen nur die ausdrücklich in der Verfassung verankerten Aufgaben wie Verteidigung, Außenpolitik, Zoll und Post. Die Kantone, die alle eine eigene Verfassung besitzen, sind u. a. zuständig für das Schul- und Kirchenwesen, die Polizei sowie das Gesundheitswesen; daneben haben sie auch die Steuerhoheit.

Die gesetzgebende Gewalt liegt in den Händen der vereinigten Bundesversammlung, die sich aus zwei Kammern zusammensetzt. Gewählt wird sie von allen Schweizer Bürgern über 20 Jahre. Die 200 Sitze im Nationalrat werden im Verhältnis der Einwohnerzahl unter den Kantonen verteilt (Bern hat 25 Sitze); in den Ständerat hingegen entsendet jeder Kanton zwei Abgeordnete. Die Exekutive der Eidgenossenschaft ist der Bundesrat, der ebenso wie die Bundesversammlung seinen Sitz in Bern hat. Vorsitzender ist der Bundespräsident, den die sieben Bundesräte aus ihrer Mitte für je ein Jahr wählen und der die Repräsentationspflichten eines Staatsoberhauptes erfüllt.

Steckbrief

Kantone: Bern, Freiburg (kleiner Teil), Solothurn (teilweise)

Fläche: ca. 6000 km²

Bevölkerung: ca. 950 000 Einw.

Höchster Punkt: Finsteraarhorn (4274 m)

Tiefster Punkt: Aare bei Solothurn (422 m)

Größte Stadt: Bern (133 500 Einw.)

Größter See: Thuner See (48 km²)

Längster Fluss: Aare (ca. 200 km)

Die Seen des Berner Oberlands laden zu einer Schifffahrt ein

Geschichte im Überblick

Ab 4000 v. Chr. Am Bieler und Neuenburger See entstehen Pfahlbausiedlungen. Um 400 v. Chr. beginnt die Zuwanderung keltischer Helvetier. Ihre Vorstöße ins benachbarte Gallien führen zur Konfrontation mit den nach Norden expandierenden Römern.

58 v. Chr. Nach der Niederlage bei Bibracte kommt Helvetien unter die Herrschaft Roms.

5.–11. Jh. Nach dem Rückzug der Römer beherrschen Burgunder im Westen und Alemannen im Osten das Gebiet. Ab 600 beginnt in Interlaken die Christianisierung.

Vor Ende des 9. Jhs. fällt das Gebiet des heutigen Kantons Bern an die Burgunder und 1032 an das Heilige Römische Reich Deutscher Nation.

1191 gründet Berchtold V. von Zähringen die Stadt Bern, die nach dem Aussterben der Zähringer 1218 reichsfrei wird.

1353 tritt Bern dem 1291 gegründeten Bund der Eidgenossen bei, was ihm Rückendeckung für eine Expansion nach Westen hin sichert.

1406 erwirbt Bern das Emmental, **1415** erobert es den Aargau.

1476 Der Sieg der Eidgenossen über den Burgunderherzog Karl den Kühnen bringt Bern Gebietszuwachs im Westen, das Desinteresse der nach Süden orientierten Innerschweizer verhindert aber vorerst eine weitere territoriale Ausdehnung.

1481 Im sog. Stanser Verkommnis wird ein offener Konflikt zwischen den Eidgenossen knapp abgewendet; Freiburg und Solothurn, bereits mit Bern verbündet, finden Aufnahme in den Bund.

1528 schließt sich Bern unter Berchtold Haller der Reformation an.

1536 erobert Bern die Waadt und (vorübergehend) auch das Chablais.

1653 Bauernaufstände werden vom autoritären Berner Regime niedergeschlagen.

1798 Mit dem Einmarsch der französischen Revolutionstruppen zerbricht das Ancien Régime; Bern verliert den Unteraargau und die Waadt und wird in die Kantone Bern und Oberland gegliedert.

1803 In der von Napoleon diktierten Mediationsakte erhält Bern das Oberland zurück.

1815 Am Wiener Kongress wird Bern für den Verlust des Aargau und der Waadt mit dem Bistum Basel (Berner Jura) samt Biel entschädigt.

1831 Bern erhält eine demokratische Kantonsverfassung für Stadt und Land.

1848 Die neue Verfassung macht aus der Schweiz einen Bundesstaat; Bern wird zur Bundeshauptstadt gewählt.

1852 Beginn des Eisenbahnbaus.

1913 Einweihung der Bern-Lötschberg-Simplon-Bahn.

1929 Eröffnung des Flugplatzes Bern-Belp.

1971 Einführung des Frauenstimm- und -wahlrechts auf Bundesebene.

1979 Berns nördlichster Kantonsteil – Jura – wird zum 23. Kanton der Schweiz.

1983 Die UNESCO erklärt die Berner Altstadt zum Weltkulturerbe.

1986 In einer Volksabstimmung wird ein UNO-Beitritt der Schweiz klar abgelehnt.

1999 Die Schweiz erhält eine neue Verfassung.

Rousseau, Haller, Goethe und die Folgen

Die Geschichte Berns der letzten zwei Jahrhunderte ist auch die des Schweizer Tourismus, der hier seinen Anfang nahm und drei berühmte Väter hat: den Berner Universalgelehrten Albrecht von Haller (1708–1777), Verfasser des Gedichts „Die Alpen", Jean-Jacques Rousseau (1712–1772), den „ersten Grünen", und Johann Wolfgang von Goethe (1749–1832), der seine Reiseerlebnisse im Berner Oberland 1779/80 in treffende Worte zu setzen wusste. Sie entfachten jene Naturschwärmerei, die bei der Hautevolee bald Reisefieber auslöste.

Die schlauen Stadtberner taten das Ihrige, um den Stein ins Rollen zu bringen. 1805 und 1809 inszenierten sie ein riesiges Spektakel, die Unspunnenspiele unterhalb der Unspunnen-Burgruine bei Interlaken: heile Bauernwelt vor einer grandiosen Gebirgskulisse mit Trachtlerinnen, Jodlern, Fahnenschwingern und Steinstößern.

Nun war die Erschließung der Alpen nicht mehr aufzuhalten, Hotels entstanden, bereits 1832 ein erstes auf dem Faulhorn (2681 m), und 1838 erschien in London das erste „Handbook for Travellers in Switzerland". Das war ein Gebot der Stunde, stellten doch reisefreudige und gut betuchte englische Gentlemen das Gros der Alpenreisenden. Und sie beschränkten sich zunehmend nicht mehr darauf, die Drei- und Viertausender zu bestaunen: Sie wollten hinauf!

So entstand im Oberland neben der Holzschnitzerei im 19. Jh. ein weiterer neuer Berufszweig: der des Bergführers. Legendäre Namen aus der goldenen Zeit des Alpinismus sind etwa die Gebrüder Lauener aus Lauterbrunnen, Christian Almer, „Old Christian" genannt, und Melchior Anderegg.

Im Jahr 1913 fuhr der erste Zug durch den Lötschbergtunnel

Der Sieg über Karl den Kühnen 1476 bringt Bern Gebietszuwachs im Westen

Zwei Brettln, ein g'führiger Schnee … Alpinskilauf in den zwanziger Jahren

Kultur gestern und heute

Auf die bernische Kulturlandschaft trifft die Bezeichnung „Landschaft" in besonderer Weise zu. Hier ist tatsächlich die Natur die alles überragende Künstlerin, die die größten Monumente schuf. Wer je am Gipfel eines Viertausenders stand oder einen Blick auf den imposanten Grindelwaldgletscher genießen konnte, wird es bestätigen. Und hat nicht die Natur immer wieder Künstler inspiriert?

Architektur

Das einzige Kunstwerk des Kantons Bern, das vielleicht mit den Riesenskulpturen der Bergnatur konkurrieren kann, ist Bern selbst.

Überall im Kantonsgebiet finden sich jedoch sehenswerte Baudenkmäler aus verschiedenen Stilepochen, von der Romanik bis zum 20. Jh., das mit einigen respektablen Beispielen der jüngsten Architekturgeschichte vertreten ist, z. B. dem Bahnhofsviertel von Biel oder der Siedlung Halen bei Bern, die 1959 bis 1961 von der Gruppe „Atelier 5" gebaut wurde. Als weniger geglückter Versuch, neue Architektur in alte Strukturen zu integrieren, gilt heute der Bahnhofsneubau von Bern, obwohl er nach seiner Vollendung in den sechziger Jahren hoch gelobt wurde.

Die „Thunerseekirchen"

Bereits ein Jahrtausend alt sind die zwölf „Thunerseekirchen", die nach ihrem Stifter, König Rudolf II. von Hochburgund (922–926), auch als „Burgunderkirchen" bezeichnet werden. Nur wenige dieser ottonischen Gotteshäuser in der Seeregion – so die Kirchen in Amsoldingen und Spiez – haben die Jahrhunderte weitgehend

unbeschadet überlebt, manche wurden um- und teilweise neu erbaut. Die Basiliken zeichnen sich durch lombardische Architekturelemente wie Hochchor mit Apsis und Krypta sowie Flachdecke aus, was aus historischer Sicht mit der Zugehörigkeit der Lombardei zu Hochburgund zu erklären ist.

Zeugnisse der Gotik

Weit mehr ist aus gotischer Zeit erhalten geblieben: Stattliche Landkirchen wie jene von Ligerz oder Zweisimmen, sowie Burgen und Rathäuser, die allerdings später häufig verändert wurden, sind eindrucksvolle Zeugnisse dieser Kunstepoche. Als bedeutendster spätgotischer Kirchenbau gilt das Berner Münster, das 1421 vom Ulmer Matthäus Ensinger begonnen wurde.

Weltkulturgut Bern

Die Altstadt von Bern, ein einzigartiges Architekturensemble des 15. bis 18. Jahrhunderts, ist von der UNESCO zum Weltkulturgut erklärt worden.

Barocke Pracht

Im 17./18. Jh. ließ das Berner Patriziat in der näheren Umgebung Berns Repräsentationsbauten errichten, die (stadt-)bernischen Landvögte residierten bis zum Untergang des „Ancien Régime" (1798) auf ihren Schlössern.

Lohnend ist auch ein Blick über die Kantonsgrenze hinaus nach Solothurn, die Schweizer Barockstadt schlechthin. Obwohl an barocken Vorbildern orientiert, ist die St.-Ursen-Kathedrale stilistisch bereits dem Frühklassizismus zuzuordnen. Baumeister war der Tessiner Gaetano Matteo Pisoni.

Im Ortsbild dominieren Wohnhäuser des 17. und 18. Jhs.; als herausragendes Beispiel eines barocken Sakralbaus gilt die Jesuitenkirche (1680 bis 1689).

Bauernhäuser

Die eigentlichen Paläste des Bernbiets sind aber weder seine Schlösser noch die Bürgerhäuser mit ihren vorgebauten Lauben – es sind die Bauernhöfe. Sie verraten am deutlichsten, woher der einst mächtige Staat seine innere Kraft bezog. Nicht ganz zu Unrecht hat ein Kenner des Bernbiets die „Gnädigen Herren", die in der Aarestadt regierten, trefflich als „Großbauern mit zeitweiligem Wohnsitz in der Stadt" charakterisiert. Zeugnisse von Wohlstand, aber auch von gesundem Selbstbewusstsein sind die Bauernhäuser allemal. Vor allem im Emmental trifft man das stattliche Berner Holzhaus mit seinem mächtigen, weit vorkragenden Walmdach und den meist geraniengeschmückten Balkonen. Besonders schöne – mit geschnitzten Friesen und Schriftbändern versehene und aufwändig bemalte – Bauernhäuser sieht man auch in Saanen.

Die Kirche von Amsoldingen

Malerei und Bildhauerei

Der Berner Vorlagezeichner und Maler *Niklaus Manuel* (1484–1530), u. a. Schüler des sog. Berner Nelkenmeisters, gilt neben *Urs Graf* (1485–1527) als Hauptvertreter der Schweizer Kunst seiner Zeit. Von seiner Hand stammen sowohl Tafelbilder religiösen Inhalts als auch Porträts, Ausdruck des neuen Selbstbewusstseins des Individuums im Zeitalter der Renaissance. Herausragende Künstlerpersönlichkeit im 17. Jh. war *Joseph Werner* (1637–1710), der nach seiner Tätigkeit in Paris – am Hof Ludwigs XIV. – und in Augsburg, 1682 in seine Heimatstadt Bern zurückkehrte. Seine Wertschätzung gründete primär auf seinen technisch

*Maler der Schweizer Alpen:
Ferdinand Hodler*

fein ausgearbeiteten, inhaltlich beziehungsreichen Miniaturen.

Landschaftsmalerei und Genrebilder

Ende des 18. Jhs. spezialisierten sich bernische Kleinmeister wie *Franz Niklaus König* (1765–1832) auf Landschaftsansichten und Genrebilder in Aquarell, Gouache und Öl. Alltagsszenen aus dem Bauernleben des Bernbiets wie „Dorfschule" und „Die Armensuppe in Ins" malte der aus Ins stammende *Albert Anker* (1831–1910), ein Hauptvertreter des Naturalismus. Für den renommierten Berner Maler *Ferdinand Hodler* (1853–1918) waren nicht zuletzt die Farbsymphonien der Berner Seen und Berge eine wichtige Inspirationsquelle. Hochgebirgslandschaften, Holzfällermotive und Schweizer Seen sind Hauptthemen seiner Arbeit als Landschaftsmaler.

Kunst des 20. Jahrhunderts

Ein anderer (Wahl-)Berner, *Paul Klee* (1879–1940), suchte und fand in der Aarestadt, die für ihn Exil und zweite Heimat war, nach einer Schaffenskrise zu seinem späten Stil. Einen Überblick über sämtliche Schaffensperioden vermittelt das Berner Kunstmuseum.

Hier sind auch Werke des Art-brut-Künstlers *Adolf Wölfli* (1864–1939) zu sehen. Künstlerischer Ausdruck seines labyrinthischen Weltbildes sind die mit Bleistift oder Buntstiften geschaffenen Ovale und Kreise.

Schöpfer humorvoller Kleinplastiken und abstrakter Monumentalplastiken, die häufig aus industriell gefertigten Eisenteilen zusammengefügt sind, ist der 1929 geborene Bildhauer *Bernhard Luginbühl*.

Volkskunst

Im Zuge des Alpentourismus wurden handgefertigte Schnitzarbeiten und Scherenschnitte zu einer Einnahmequelle für die Berner. Noch heute floriert diese früh entwickelte Souvenirindustrie. Im Berner Oberland, vor

Chansons und Rock nach Berner Art

Fast so berühmt wie der Bärengraben ist – zumindest in der Deutschschweiz – die Berner Musikszene: Volksmusik im besten Sinn, in den Anfängen am Chanson orientiert, heute als Berner Rock mit einem durchaus eigenständigen Sound. Angefangen hatte es in den fünfziger Jahren, als sich *Mani Matter* (1936–1972) an der Übersetzung französischer Chansons versuchte. Vor allem Georges Brassens war dabei Vorbild. Im Februar 1960 strahlte das Schweizer Radio erstmals diese Lieder aus; später traten Mani Matter, Bernhard Stirnemann, Jakob Stickelberger und andere als „Berner Troubadours" in der „Rampe", einem legendären Berner Kellertheater, auf und eroberten bald das Deutschschweizer Publikum mit ihren einfachen Melodien und hintersinnigen Texten.

Gerade der Dialekt spielt eine wichtige Rolle bei den Liedern, aber nicht als konservativ-volkstümelndes Element. Bärndütsch sang ein Jahrzehnt später auch *Polo Hofer*, Leader der Rockband „Rumpelstilz". Seine Musik hat ihre Wurzeln im amerikanischen Blues und Rock 'n' Roll. Den Berner Sound der achtziger Jahre lieferte aber die Band „Züri West", die mit ihrem Lied „Bümpliz-Casablanca" das Lebensgefühl der Jugend genau traf: wegfahren und doch zu Hause bleiben, Fernweh und Heimatverbundenheit, zwischen Betongrau leben und von fernen Ufern träumen ... Die Lieder von Mani Matter etwa sind auch heute noch populär; CDs bekommt man natürlich in den Berner Plattenläden, die auch zahlreiche Scheiben mit Berner Rock im Regal stehen haben.

allem um Brienz, sind viele Schnitzer am Werk, und im Simmental sowie im Pays d'Enhaut übt man sich in der Kunst des Scherenschnitts.

Literatur

Tradition – echt oder unecht – war stets ein dominierendes Element der bernischen Kulturlandschaft. Konservativ und dazu sehr eigenwillig war Albert Bitzius (1797–1854), der unter dem Pseudonym *Jeremias Gotthelf* in die Literaturgeschichte einging; das große Thema seiner Romane und mehr als hundert Erzählungen, die er während seiner 23-jährigen Tätigkeit als Pfarrer im Emmentaler Lützelflüh schrieb, war die bäuerliche Welt mit all ihrer Härte, ihren Sorgen und durch Naturkatastrophen oder soziale Missstände bedingten Existenznöten. „Trääfe" (treffende) und scharfsichtige Sittenbilder seiner Landsleute, so „Uli der Knecht" und „Die schwarze Spinne", bezeugen seine hervorragende Milieukenntnis.

Albert Bitzius alias Jeremias Gotthelf

Einer der bedeutendsten Dramatiker der Nachkriegszeit ist der Berner *Friedrich Dürrenmatt* (1921–1991), dessen Dramen wie „Der Besuch der alten Dame", „Die Physiker" oder „Play Strindberg" auf internationalen Bühnen gespielt werden.

Den Berner Alltag unserer Zeit pointiert und hintersinnig ausgelotet hat der Theologe *Kurt Marti* (geb. 1921) in zahlreichen Gedichtbänden, Erzählungen und Essays; sein dezidiertes Eintreten für humane und pazifistische Positionen brachte ihm im konservativen Bern wiederholt Ärger ein.

Musik live am Jungfraujoch (3454 m)

Mit der Situation der Schweizer Künstler setzt sich der 1929 geborene Berner *Paul Nizon* – Autor des Romans „Untertauchen" – in seinem vielbeachteten „Diskurs in der Enge" auseinander.

Wer mehr über Bern, über die Geschichte der Stadt und ihre Stellung in der Schweiz sowie Hintergründiges aus Kultur und Politik erfahren möchte, sollte sich das

Brienz ist bekannt für seine Holzschnitzer

Stadtporträt „Bern" (AS Verlag Zürich, 1997) zu Gemüte führen. Die ebenso informativ wie unterhaltsam geschriebenen Texte vermitteln einen facettenreichen Blick auf typisch Bernerisches. Fast so spannend wie ein Krimi liest sich die von *Daniel Anker* herausgegebene Bergmonographie „Jungfrau – Zauberberg der Männer" (AS-Verlag, Zürich 1997). Ganz erstaunlich, was Anker und seine Mitautoren über diesen Viertausender, seine Geschichte und Geschichten zu berichten wissen. Sie zeigen in Wort und Bild, wie der Mensch diesem grandiosen Berg zu Leibe gerückt ist. Das Buch erzählt aber auch von Träumern und Träumen, von Utopien und Schreckensmeldungen – gerade die richtige Lektüre vor einer Reise ins Berner Hochalpenrevier.

Veranstaltungskalender

Januar: *Harder-Potschete* (2. Januar), Volksbrauch zum Jahresanfang mit Umzug in Unterseen bei Interlaken; *World Snow Festival* in Grindelwald (Schneeskulpturen; dritte Woche); *Solothurner Filmtage* (dritte Woche).

Februar: Mitte Februar feiern die Berner ihre *Fasnacht* – eher zurückhaltend.

März: Adelboden *Country Festival* (erstes Wochenende). In der zweiten Woche findet in Gstaad *Cinémusic* statt, ein internationales Festival für Musik und Film; *Ostereiermarkt* in Bern (Wochenende Mitte des Monats); eine Woche später veranstaltet Thun einen *Ostereiermärit.*

Mai: Internationales *Jazzfestival* in Bern (Anfang Mai); *Geranienmarkt* (Mitte Mai) in der Berner Altstadt; *Solothurner Literaturtage* (Wochenende nach Christi Himmelfahrt).

Juni: *Alphorntreffen* auf dem Männlichen; Am dritten Wochenende ist in Thun *Grossmärit;* zeitgleich findet in Sumiswald ein *Märit* statt, wie zu Gotthelfs Zeiten mit Käsefuhr und Märit-Tanz; Murten feiert am 22. Juni die *Solennität* zur Erinnerung an die Schlacht gegen den Burgunderherzog Karl. *Schlosskonzerte* (dritte/vierte Juniwoche) in Thun.

Jeden Sommer, von Mitte Juni bis Mitte September, wird in Interlaken unter freiem Himmel Schillers „Wilhelm Tell" aufgeführt.

Juli: Internationales *Drehorgelfestival* in Thun (Mitte Juli); *Rock- und Folkfestival* (drittes Wochenende) auf dem Gurten bei Bern; *Seenachtsfest* mit Feuerwerk (letztes Wochenende) in Spiez; *Schäferfest* (letzter Sonntag) am Gemmipass; *Gstaader Musiksommer* (Klassisches von Mitte Juli bis Anfang September).

August: *Menuhin-Festival* in Gstaad; *Bundesfeiern,* z. T. mit Feuerwerk und Höhenfeuern (1. August). *Bergpredigt* (erster Sonntag) im Gasterental; *Lüdern-Chilbi* (zweiter Sonntag), großes Alpfest im Emmental.

September: *Chästeilet* auf den Alpen von Hasliberg (erstes Wochenende) und Schwanden (Justistal; um die Monatsmitte). Dabei wird der Käseertrag des Sommers symbolisch unter den Bauern verteilt. *Lesesonntage* (Winzerfeste) am Bieler See, in Vully und in Spiez (Mitte September bis Mitte Oktober); *Fulehung* (Schützenfest) mit Volksfest in Thun (letztes Wochenende).

Oktober: *Zwiebelmarkt* (letzter Samstag) in Biel.

November: *Zibelemärit* (vierter Sonntag), großer Zwiebelmarkt mit Volksfest in Bern.

Dezember: Am 7. Dezember findet in Aarberg ein *Chlousemärit* (Nikolausmarkt) statt. *Weihnachtsmarkt* (ab Mitte Dezember) am Berner Münsterplatz.

Rösti, Fondue und Meringue

Ofenfrisches Brot aus dem Freilichtmuseum Ballenberg

Zwei Jahrhunderte Tourismus sind natürlich nicht ohne Auswirkungen auf die Berner Gastronomie geblieben. Das kulinarische Angebot reicht von Nouvelle Cuisine über internationale Standardgerichte bis zur deftigen Hausmannskost. Mittlerweile servieren nicht nur die Köche in den Landgasthöfen Berner Kost, sondern man besinnt sich auch in den größeren Hotelküchen immer mehr auf traditionelle Rezepte und regionale Spezialitäten.

Währschafte Kost

Das Berner Nationalgericht schlechthin sind die *Rösti,* flache, goldgelb und krustig gebratene Kartoffelkuchen. Allerdings werden sie heute kaum mehr – wie die Bauern es früher taten – zum zweiten Frühstück (Znüni) gegessen, sondern nur noch als Beilage.

Eine Alternative sind die *Älpermakkaroni,* Kartoffeln und Teigwaren mit Bergkäse und reichlich Zwiebeln.

Etwas für den großen Hunger ist die *Berner Platte,* eine Schlachtplatte mit Würsten, Wädli (Eisbein), Rippli (Rippchen), Speck, Öhrli und Schwänzli, dazu Kartoffeln, Sauerkraut oder Bohnen.

Und wie wär's mit einer *Flädlisuppe,* einer Fleischbrühe mit Pfannkuchenstreifen als Einlage, und einer währschaften Portion Schweins-, Rinder- oder Kalbsbraten?

Aus heimischen Seen und Reben

In den Restaurants am Thuner und Brienzer See empfiehlt es sich natürlich, fangfrischen Fisch zu probieren: Forelle, Barsch, Felchen, gelegentlich auch

Restaurant in luftiger Höhe: Piz Gloria

Sommer in der „Mutzenstadt"

Hecht werden auf verschiedenste Arten zubereitet. Und auf der Getränkekarte findet sich außer dem regionalen Adelbodner-Mineralwasser oder Bier auch der passende lokale Wein. An den sonnigen Hängen über dem Bieler See reifen feine Weißweine, trocken und süffig, aber mit kräftigem Bouquet, wie etwa der beliebte „Twanner". Reben für Weißwein gedeihen auch in den Lagen oberhalb von Ligerz und La Neuveville.

Für kalte Winterabende

Ungeachtet des Geschmacksurteils des französischen Schriftstellers Anthelme Brillat-Savarin, Verfasser der „Psychologie des Geschmacks", der *Fondue* vor zwei Jahrhunderten folgendermaßen charakterisierte: „Die Fondues ... sind eigentlich nichts anderes als Rühreier mit Käse in gewissen Verhältnissen!", schmeckt dieses einfache Käsegericht vorzüglich, am besten, wenn's draußen kalt ist, regnet oder schneit. Dann sitzt man gemütlich um den heißen Steinguttiegel, das „caquelon", und tunkt mit langen Gabeln Brotbröckchen in den geschmolzenen Käse. Dazu wird Weißwein oder Tee getrunken.

Desserts und Zvieris

Und wen es nach einer nahrhaften Nachspeise gelüstet, der sollte die *Meringue*, eine luftige Süßspeise aus Meiringen, probieren. Nach dem Genuss dieses Baisers mit Schlagsahne, der im Bernbiet in stattlichen Portionen angeboten wird, ist man garantiert pappsatt.

Naschkatzen kommen sicher nicht umhin, sich zwischendurch ein Stückchen Schokolade zu gönnen. Und wer eine kleine Zwischenmahlzeit, ein Zvieri, braucht, der kann es sich bei einem *Kafi fertig* (Kaffee mit Schnaps) oder einem *Café mélange* (Kaffee mit Sahne) und *Ankenweggen* (Butterzopf), *Ofenküchlein* (Windbeutel) oder mit Zucker und Zimt bestreuten *Apfelküchli* gut gehen lassen.

Wer's zum Abschluss lieber herzhaftdeftig mag, sollte sich hingegen regionalen Käse – Emmentaler und würzigen Gruyère – bestellen.

Wie die Löcher in den Käse kommen

Im Emmental dreht sich fast alles um den Käse, den großen Exportschlager der Region. Und das ist der *Emmentaler* schon seit dem 16. Jh. So kann man nachlesen, dass es bereits Anfang des 17. Jhs. in der Region Probleme mit der Butterproduktion gab, weil die Bauern wegen des höheren Gewinns ihre Milch fast ausschließlich zu Käse verarbeiteten. 1619 trafen sich die Landvögte in Thun zur sogenannten Buttermangel-Konferenz. Da jedoch der lukrative Käsehandel mehr Geld in die Staatskasse brachte als die Butterherstellung, bewirkte die Konferenz nichts.

Dafür florierte der Handel mit dem gut lagerfähigen,löcherigen Wagenrad umso besser. Die Herstellungsmethoden wurden mit der Zeit immer mehr verfeinert. Bereits um die Mitte des letzten Jahrhunderts entstanden die ersten genossenschaftlich geführten *Chäshütten*. Heute werden in den Dorfkäsereien jährlich fast 12 000 Tonnen Emmentaler produziert. Für einen Laib von 80 kg benötigt man etwa 1000 Liter Milch, was der Tagesleistung von etwa 80 Kühen entspricht.

Und wie kommen die Löcher in den Käse? Geduld! Erst einmal bleibt der junge Käse für etwa 20 Stunden in der Presse, dann legt man ihn ins Salzbad, wo er eine Rinde zu bilden beginnt, und zum Schluss mindestens acht Monate lang in den 22 °C warmen *Gärkeller*. Und hier gärt es in dem Laib. Es entsteht Kohlensäuregas, das zur Bildung der berühmten Löcher führt. Voilà.

Urlaub aktiv

Alpenrundflüge/ Ballonfahrten

Alpenrundflüge kann man u. a. vom Flughafen Bern-Belp aus unternehmen; ☎ 031/960 21 11. Gletscherflüge in den Berner Alpen bietet **Air-Glaciers,** CH-3822 Lauterbrunnen, ☎ 033/856 05 60, 🖷 856 05 66, an; Rundflüge im Hubschrauber auch **BOHAG,** CH-3814 Gsteigwiler, ☎ 033/828 90 00. Buchung und Infos über Alpine Ballonfahrten bei **Cast Ballonfahrten AG,** Chalet le Noir, CH-3780 Gstaad, ☎ 033/744 62 59.

Bungee Jumping

Den Sprung aus der Kabine der Schilthornbahn bietet **Adventure World,** CH-3800 Interlaken, ☎ 033/826 77 11, 🖷 826 77 15, an, Alpin Raft (s. S. 24) von der Stockhornbahn. Über den Sprung in die Grindelwalder Gletscherschlucht informiert das **Bergsteigerzentrum Grindelwald** (s. S. 25).

Canyoning

Wilde Schluchten und Gewässer gibt es im Berner Oberland einige, z. B. am Grimselpass (s. S. 72), die Saxetenschlucht bei Wilderswil nahe Interlaken oder La Torneresse bei Gstaad. Infos bei **Eurotrek,** Freischützgasse 2, CH-8021 Zürich, ☎ 01/295 55 55, 🖷 295 56 40. Auch in der Emmentaler Räbloch-Schlucht (s. S. 54) ist Canyoning möglich; Infos bei **Pro Emmental,** Schlossstraße 3, 3550 Langnau, ☎ 034/402 42 52, 🖷 034/ 402 56 67.

Gleitschirmfliegen

Der Traum von einem Gleitschirmflug lässt sich auch im Oberland verwirklichen. An guten Startplätzen mangelt

Wer zählt die „Bären", „Löwen" und „Rössli" im Bernbiet?

Undenkbar: das Emmental ohne seinen Käse!

es nicht; Schulen gibt es unter anderem in Beatenberg, Grindelwald, Gstaad, Interlaken, Kandersteg, Meiringen und Thun. Fast überall werden auch Tandemflüge angeboten. Infos z. B. bei **Flugschule Ikarus,** Brunngasse 68, CH-3800 Interlaken, ☎ 033/822 04 28, 🖷 823 82 34.

Gold waschen

Reich werden kann man dabei nicht, spannend ist es aber trotzdem, in den Gräben des Napf unter Anleitung eines erfahrenen Goldwäschers nach Nuggets zu suchen. Infos bei Pro Emmental (s. S. 23).

Golf

Einlochen kann man im Kanton Bern auf mehreren Plätzen, u. a. in Gstaad (9 holes), Interlaken (18 holes) und in Blumisberg bei Wünnewil (18 holes). Ein detaillierter Golfplatzführer, zu beziehen bei **Schweiz Tourismus** (s. S. 93).

Planwagentrecks

Gemütlich durchs Emmental mit echten Pferdestärken – mal eine ganz andere Reiseart. Infos bei **Eurotrek** (s. o.).

Radeln

Für die alpine Form des Radfahrens findet man gerade im Berner Oberland und im Emmental das richtige Gelände. „Velos" (auch für Kinder) und Mountainbikes können an allen größeren Bahnhöfen der SSB gemietet und problemlos in der Bahn oder auf dem Schiff mitgenommen werden, auch in einigen Bergbahnen. In praktisch allen Ferienorten gibt es einen Fahrradverleih; die Radwege sind überall gut ausgeschildert. Für passionierte Mountainbiker wurde eine Route bis zur Großen Scheidegg geschaffen. Geführte Touren bietet **Eurotrek** (s. o.) an, u. a. auch eine 6-Tage-Fahrt auf dem ca. 250 km langen Aare-Radweg von Meiringen über Bern nach Brugg. Spezielle Fahrradkarten sind beim **Verkehrsclub der Schweiz,** Lagerstr. 18, CH-3360 Herzogenbuchsee (☎ 062/956 56 56, 🖷 956 56 57), die „Berner Mittelland-Radwanderkarte" ist bei **Schweiz Tourismus** in Frankfurt/Main, ☎ 0 69/ 2 56 00 10 (Prospektbestellungen ☎ 0800/100 30 31) erhältlich.

Über 20 Touren im Berner Oberland mit Hinweisen zu öffentlichen Verkehrsmitteln und Übernachtungsmöglichkeiten informiert ein Taschenbuch, das bei den Tourismusorganisationen für 10 sfr erhältlich ist.

Rafting/Kanu fahren

Ein nasses Vergnügen, das zunehmend Freunde findet: *Raftingtouren* auf den wilden Wassern der Saane, Simme und Lütschine. Für *Kanuwanderungen* bieten sich vor allem die stilleren Gewässer des Mittellandes an, vor allem die Aare. Mehr Nervenkitzel garantiert *Hydrospeed;* dabei taucht man mit einem schlittenähnlichen Plastikuntersatz ins Wildwasser ab, z. B. auf der Saane. Infos und Buchungen bei **Alpin Raft,** Postfach 78, CH-3800 Interlaken, ☎ 033/ 823 41 00, 🖷 823 41 01.

Reiten

Reitschulen, die Unterricht und geführte Ausflüge anbieten, gibt es in allen größeren Touristikorten. Das Angebot reicht von Ponyreiten bis zum Trekking (Wanderreiten).

Wandern/Bergsteigen/ Klettern

Zwischen dem Jurafuß und den Berner Hochalpen ist für jeden etwas dabei; die Wege sind durchwegs gut markiert. Viele Orte bieten im Sommer geführte Wanderungen an. Wer auf eigene Faust losziehen möchte, findet in der Wanderkarte des **Berner Oberland Tourismus** (s. S. 93) 21 Wandervorschläge.

Die Alpinschulen in Adelboden, Grindelwald, Gstaad, Interlaken, Kandersteg, Meiringen-Hasliberg führen Kletter- und Hochtourenkurse für Anfänger und Fortgeschrittene durch; das **Bergsteigerzentrum Grindelwald** bietet geführte Berg- und Gletscherwanderungen an (☎ 033/853 52 00). In Vollmondnächten organisieren die Bergbahnen Grindelwald-First Wanderungen zum Bachalpsee, wo man sich auf Schatzsuche begeben kann (☎ 033/854 50 50).

Wer glaubt, man könne bloß im Himalaya oder in den Anden trecken, liegt falsch. Auch im Bernbiet werden Trekkingtouren angeboten, etwa die Tour „Rund um den Wildstrubel", der sechstägige „Bärentreck" und Lama-Trekking in Beatenberg sowie Emmental. Infos über die Verkehrsvereine und **Eurotrek** (s. o.). In die Kunst des Kletterns werden Anfänger und Fortgeschrittene bei **Adventure World** (s. o.) eingeführt.

Wassersport

Auf den großen Seen des Berner Mittel- und Oberlandes kann man segeln, surfen, Wasserski fahren, rudern – und natürlich auch schwimmen. Segelkurse bietet die **Segelschule Thunersee** an, CH-3562 Hilterfingen, ☎ 033/243 08 80, 🖷 243 08 81.

Wer mit dem Wind übers Wasser surfen möchte, kann das in mehreren Surfclubs am Thuner See probieren. Auch tauchen kann man im Berner Oberland lernen, u. a. in Hilterfingen, **Internationale Tauchbasis**, ☎ 🖷 033/243 33 33.

Wintersport

Das Oberland ist ein Dorado für Alpinskiläufer, Snowboard-Fahrer und Loipenfans, die Saison dauert etwa von Mitte Dezember bis Ostern. Aber auch Nicht-Skifahrer kommen auf ihre Kosten: im Berner Oberland gibt es über 700 km Winterwanderwege, zahlreiche Rodelbahnen sowie Natur- und Kunsteisbahnen.

Cooler Spaß im Saanenland

Das Oberland kann man auch mit dem Rad entdecken

Alpen für Alpinisten: am Aletschfirn

Reisewege und Verkehrsmittel

Anreise

Mit dem Flugzeug

Direktflüge nach Bern-Belp bieten die Schweizer Fluggesellschaften Crossair und Air Engiadina von Berlin, Düsseldorf, Köln, Frankfurt/Main und München an. Infos im Reisebüro oder am Flughafen Bern-Belp, ☎ 031/960 21 11. Busverbindung vom Flughafen zum Hauptbahnhof (9 km).

Flight+Hotel: Dieses Angebot von Air Engiadina beinhaltet den Flug von Berlin, Frankfurt/Main, München und Wien nach Bern-Belp, den Transfer zum Hotel und drei oder sieben Tage Aufenthalt. Infos bei **Berner Oberland Tourismus,** Jungfraustraße 38, CH-3800 Interlaken, ☎ 033/823 03 03, 🖷 823 03 30.

Fly Rail Baggage, ein Service der Schweizerischen Bundesbahnen, ermöglicht den Gepäcktransport direkt bis zum Zielort; bei der Rückreise ist der Check-in bereits am Bahnhof möglich.

Mit der Eisenbahn

Täglich verkehrende Euro-, Intercity- und einige ICE-Züge verbinden die größeren Städte Deutschlands und Österreichs mit Bern und dem Oberland (Platzreservierung empfohlen). Nachthotelzüge (City Night Line) verkehren zwischen Hamburg, Berlin, Wien und Zürich. Ein spezielles Angebot für das Berner Oberland ist *ICE+Hotel:* Fahrt und Unterkunft kann man bei der Deutschen Bahn oder im Reisebüro zusammen buchen. Bahnbenutzer können den Mietwagenservice der Schweizerischen Bundesbahn (SBB) in Anspruch nehmen.

Reisen im Land

Mit der Eisenbahn

Einfache *Fahrkarten* gelten einen Tag (bis zu einer Distanz von 80 km) bzw. zwei Tage; Rückfahrkarten haben eine Gültigkeit von einem Tag (bis 36 km), zwei Tagen (bis 80 km) bzw. einem Monat. Kinder von 6 bis 16 Jahren bezahlen die Hälfte.

Swiss Card. Sie gestattet freie Fahrt ab der Schweizer Grenze oder dem Flughafen bis zum Zielort, dazu beliebig viele Fahrten zum halben Preis (Bahn, Postauto, Schiff) während eines Monats. (Nur im Heimatland erhältlich.)

Swiss Pass. Der am Bahnhof des Heimatlandes erhältliche Pass bietet freie Fahrt auf 16 000 Bahn-, Schiff- und Postauto-Kilometern sowie im öffentlichen Verkehrsnetz von 36 Schweizer Städten; zusätzlich gewähren private Busunternehmen und Bergbahnen Preisermäßigungen. Gültigkeitsdauer: 4, 8, 15 Tage bzw. einen Monat.

Swiss Flexi Pass. Gleiche Bedingungen wie beim Swiss Pass, nur an drei frei wählbaren Tagen innerhalb der Gültigkeitsdauer von 15 Tagen. Informationen zu diesen Pässen erteilt auch die Bahninformation von **Schweiz Tourismus,** Frankfurt/Main, ☎ 0 69/25 60 01 36, 🖷 25 60 01 38.

Halbpreisabonnement. Mit dem „Umwelt-Abo" können beliebig viele Fahrten zum halben Preis erworben werden (Bahn, Postauto, Schiff, Bergbahn).

Gültigkeitsdauer: ein Monat (90 sfr) oder ein Jahr (150 sfr; Passfoto).

STS-Familienkarte. Damit reisen Kinder bis 16 Jahre in Begleitung ihrer Eltern ein Jahr lang gratis; Preis 20 sfr.

Der *Regional Pass Berner Oberland* ist wahlweise 7 bzw. 15 Tage gültig; er bietet an 3 bzw. 5 Tagen freie Fahrt auf allen Bergbahnen, Bussen und Schiffen, während der übrigen Zeit zahlt man die Hälfte.

Beliebt bei jung und alt sind Schifffahrten

Mit dem Auto

Für die Einreise sind Fahrzeugpapiere, nationaler Führerschein und Nationalitätskennzeichen (D, A) erforderlich.

Weitere Auskünfte erteilen die Automobilklubs:
Touring-Club der Schweiz (TCS), Rue Pierre Fatio 9, CH-1211 Genève, ☎ 022/737 12 12, 🖷 786 09 92.
Automobilclub der Schweiz (ACS), Wasserwerkgasse 39, CH-3013 Bern, ☎ 031/328 31 11, 🖷 311 03 10.

Zuverlässig, bequem: der Postbus

Den Pannendienst erreicht man Tag und Nacht unter ☎ 140.

Benzinpreise. Die Preise für Benzin liegen etwas unter, jene für Diesel über den Preisen in Deutschland und Österreich. Viele Tankstellen haben auf Geld- und Kreditkarten-Automaten umgestellt und sind abends nicht mehr geöffnet (auch an Autobahnen). Es empfiehlt sich deshalb, stets ein paar 10- oder 20-Franken-Scheine dabei zu haben.

Nostalgie pur: die reaktivierte Furkabahn

Die für die Benutzung der Schweizer Autobahnen erforderliche *Autobahn-Vignette* kostet 40 sfr; sie gilt von Dezember bis Januar des übernächsten Jahres. Erhältlich ist die Vignette an der Grenze, bei Postämtern und Tankstellen oder vorab bei den Automobilklubs und Postämtern der Heimatländer; eine weitere Möglichkeit

Die Susten-Passstraße

zum Erwerb bietet **Schweiz Tourismus** in Frankfurt und Wien (s. S. 93).

Verkehrsregeln. Die Höchstgeschwindigkeit in geschlossenen Ortschaften beträgt 50 km/h, auf Landstraßen 80 km/h, auf Autobahnen 120 km/h, für Fahrzeuge mit Anhänger generell 80 km/h, ebenso für Wagen mit Spikesreifen (nur von Nov. bis März zugelassen, auf Autobahnen verboten).

Es besteht Anschnallpflicht. Der zulässige Alkoholgrenzwert beträgt 0,8 Promille. Auf Bergstrecken hat der bergwärts Fahrende Vorrang; Postautobusse genießen stets Vorfahrt!

Während des Autofahrens ist in der Schweiz nur die Benutzung von Telefonen mit Freisprechanlagen erlaubt.

Alpenpässe. Die Passstraßen über Grimsel, Furka und Susten haben normalerweise von Ende November bis Mitte/Ende Mai Wintersperre. Auf keiner Winterfahrt ins Berner Oberland sollten Schneeketten fehlen!

 Hinweise zum aktuellen Straßenzustand erhalten Sie unter ☏ 163.

Mit dem Postauto

Das Postbusnetz ist ausgesprochen gut ausgebaut, selbst in entlegenere Ortschaften gibt es mehrere Verbindungen am Tag.

Mit dem Fahrrad

Fahrräder, auch Kinderfahrräder und Räder mit Kindersitzen, können praktisch an allen Bahnstationen sowie bei den Büros des Touring-Club der Schweiz (TCS, s. S. 27) gemietet und wieder zurückgegeben werden. In größeren Ferienorten gibt es auch Fahrrad-Verleihstationen.

Spezielle Fahrradkarten im Maßstab 1:50 000 sind beim **Verkehrs-Club der Schweiz** (VCS), Lagerstraße 18, CH-3360 Herzogenbuchsee, ☏ 062/956 56 56, 🖷 956 56 57, erhältlich.

Unterkunft

Hotels

Schweizer Hotels genießen im internationalen Vergleich einen guten Ruf, auch wenn da und dort bei notwendigen Modernisierungen gespart wird. Die dem Schweizer Hotelier-Verein (SHV) angeschlossenen Betriebe sind in fünf Kategorien – von einem bis fünf Sterne – eingeteilt.

In den Übernachtungspreisen sind in der Regel Frühstück, Bedienung und Taxen inbegriffen. Vor allem außerhalb der Hochsaison (Weihnachten, Juli/August) bieten viele Häuser günstige Pauschalarrangements an.

Tipp Auf Anfrage versendet **Schweiz Tourismus** (s. S. 93) einen aktuellen Hotelführer, Unterkunftsverzeichnisse einzelner Regionen bzw. Hotellisten speziell für Familien und Senioren, für Landgasthöfe sowie einfache und gemütliche Unterkünfte (E&G-Hotels).

Für Behinderte gibt der **Mobility International Schweiz**, Frohburgstraße 4, CH-4600 Olten, ☏ 062/206 88 35, 🖷 206 88 39, einen Hotelführer heraus.

Jugendherbergen

Die Schweizer Jugendherbergen (SJH) verfügen im Kanton Bern über ein Dutzend Häuser mit mehr als 800 Betten, die Gästen jeden Alters offen stehen, sofern sie einen gültigen Mitgliedsausweis besitzen. Bei einer begrenzten Anzahl von Plätzen haben Jugendliche bis 25 Jahre Vortritt.

Jugendherbergsverzeichnis und Mitgliedsausweis erhält man bei den **Schweizer Jugendherbergen,** Postfach 161, CH-8042 Zürich, ☏ 01/360 14 14, 🖷 360 14 60, E-Mail: bookingoffice @youthhostel.ch.

Camping/ Caravaning

Die jährlich neu erscheinenden Verzeichnisse können beim **Verband Schweizerischer Campings** (VSC), Seestraße 119, CH-3800 Interlaken, ☎ 033/823 35 23, ☐ 823 29 91, und beim **Schweizerischen Camping- und Caravaning–Verband** (SCCV), Habsburgerstr. 35, CH-6004 Luzern, ☎ 041/210 48 22, ☐ 210 00 02, bezogen werden.

Einfach und „gmüetlich":
im Kiental

Ferien auf dem Bauernhof/ Ferienwohnungen

Zahlreiche Bauernhöfe im Kanton Bern bieten Reisenden die Auswahl zwischen Zimmern, Stöcklis (kleines Nebenhaus) und Ferienwohnungen. In der Regel sind die Quartiere wesentlich günstiger als Hotels. Der Verein **Ferien auf dem Bauernhof** (☎ 031/329 66 33, ☐ 329 66 01) gibt alljährlich ein Verzeichnis heraus. Über das große Angebot an Ferienwohnungen, auch auf Bauernhöfen, informiert man sich am besten bei den regionalen und örtlichen Verkehrsvereinen. Buchen kann man seine Ferienwohnung u. a. über **Reka,** Neuengasse 15, CH-3001 Bern, ☎ 031/329 66 33, ☐ 329 66 01, Internet: www.reka.ch.

Qualität hat ihren Preis ...
Das „Regina" in Wengen

Tipp Verschiedene Almen im Berner Oberland ermöglichen es, das Leben eines Senners mitzuerleben. Wer will, kann im Stall und auf der Alp mithelfen und sich im Käsen versuchen. Nach getaner Arbeit wäscht man sich am Brunnen und genießt den Abend in der einfachen Hütte bei Petroleum- oder Kerzenlicht. Je nach Alp übernachtet man im Stroh, im Gemeinschaftslager oder im Doppelzimmer.

Ein Refugium zwischen Eis und
Fels: die Rottalhütte des SAC

***Bern

Seite 35

Beamte, Burger und Bürger

Bern, die 133 500 Einwohner zählende Hauptstadt des gleichnamigen Kantons und der Eidgenossenschaft, liegt mitten im Herzen der Schweiz. Während sich Kultur und Wirtschaft eher in anderen Schweizer Metropolen ballen, empfängt einen hier eine beschaulich gemütliche Atmosphäre.

Auf Besucher wirkt die Stadt, deren Kern auf einer von der Aare umflossenen Molassehalbinsel liegt, ganz besonders schweizerisch, mehr etwa als Zürich oder Genf. Hierzu trägt nicht nur die ausgeprägte Mundart – Bärndütsch – bei, sondern auch die Bedächtigkeit der Berner. „Nume nid gschprängt", sagt man an der Aare und meint damit, dass man sich die Sache noch in Ruhe überlegen will.

Obwohl sie vom Volksmund spöttisch belächelt wird, ist es wohl gerade dieser zurückhaltenden, „laangsaamen" Art zu verdanken, dass sich die schöne Altstadt mit ihren Sandsteinhäusern noch heute in ihrem historischen Gewand präsentiert.

Geschichte

Die ältesten Siedlungsspuren im Bereich des heutigen Stadtgebietes sind die Reste eines keltisch-römischen Oppidum auf der Engehalbinsel, 2 km nördlich der Stadt. Sie können auf einem markierten archäologischen Rundweg, ausgehend vom Engemeistergut (Reichenbachstraße 142), besichtigt werden. Dass es sich bei der Arena des gallorömischen Brenodurum um einen antiken Bärengraben handelte, ist allerdings eine Spekulation, die le-

diglich auf dem Fund einer keltischen Bärenfigur im nahen Muri basiert.

Interessanterweise besteht – im Gegensatz etwa zu Basel oder Genf – keinerlei bauliche Kontinuität zwischen der antiken Siedlung und der Stadt Bern, die 1191 von Herzog Berchtold V. von Zähringen gegründet wurde.

Die Ausdehnung der Stadt über ihr von der Natur vorgezeichnetes enges Korsett hinaus verlief recht zaghaft; erst die Wahl Berns zur Bundeshauptstadt (1848) und der Eisenbahnanschluss im Jahr 1857 waren Impulse für stärkeres Wachstum.

Im Vergleich zu Zürich oder Basel blieb der Expansionsschub durch die Industrialisierung eher bescheiden. Auch heute noch gilt Bern als Beamtenstadt; fast jeder achte, der hier sein Geld verdient, tut es in einem der vielen eidgenössischen, kantonalen oder städtischen Ämtern.

Bedeutende Altstadt

Bern ist eine Stadt der Lauben und Brunnen. Vor allem die 6 km langen Arkadengänge – bei Regenwetter weiß man sie doppelt zu schätzen – prägen das Stadtbild. Attraktive Blickpunkte sind zudem die elf historischen Figurenbrunnen, die zumeist aus dem 16. Jh. stammen. In ihrer Gesamtheit bildet die Altstadt das bedeutendste historische Bauensemble der Schweiz, und folgerichtig zählt sie seit 1983 zum UNESCO-Weltkulturerbe.

Die Hauptachse der Altstadt verläuft vom modernen Bahnhof bis zur Nydeggbrücke; sie setzt sich aus Spital-, Markt-, Kram- und Gerechtigkeitsgasse zusammen. Innerhalb der mittelalterlichen Stadtanlage sind vier Stadterweiterungsphasen erkennbar. Der ursprüngliche Kern mit der Reichsburg reichte von der Nydeggbrücke bis zur Kreuzgasse, 1218 wurde die Stadt westwärts bis zum Zytgloggeturm erweitert, nach 1256 dann bis zum Käfigturm. 1344 bis 1346 kam die äußere Neustadt um die Spitalgasse hinzu, die am *Christoffelturm* endete. Die Fundamente dieses 1865 abgebrochenen Turmes und die Mauerreste des mittelalterlichen Stadtwalls sind in der Bahnhofsunterführung zu sehen.

Seite 35

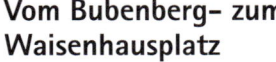

Was für eine Kulisse! Die Hochalpen über den Dächern von Bern

Vom Bubenberg- zum Waisenhausplatz

Verkehrsmittelpunkt der Stadt ist der **Bubenbergplatz,** ursprünglich „Platz zwischen den Toren", nach Abbruch der Wehranlagen und der Errichtung des alten Bahnhofs (1858) in Christoffelplatz umbenannt und mit Alleebäumen und Kandelabern als Entree zur Altstadt gestaltet.

Die **Heiliggeistkirche** ❶, 1726–1729 nach Plänen von Niklaus Schiltknecht errichtet, zählt zu den bedeutendsten Leistungen des protestantischen Kirchenbaus im 18. Jh. Am Außenbau verbinden sich Elemente des bernischen Spätbarock mit solchen des Klassizismus. Architektonisch wenig überzeugend ist der Innenraum, der durch 14 wuchtige Sandsteinsäulen und eine umlaufende Empore beherrscht wird (🕒 Mo–Sa 11–15 Uhr).

Ein Wahrzeichen der Bundesstadt ist der Zytgloggeturm

Vom Bubenbergplatz aus betritt man die Hauptachse der Altstadt. Die *Spitalgasse* mit dem *Pfeifferbrunnen* (16. Jh.) führt zum Bärenplatz mit zahlreichen Straßencafés, die zu einer kurzen Pause einladen. Attraktion des Platzes ist der *Käfigturm* ❷, der 1641 bis 1644 anstelle des Stadttors errichtet wurde und, wie der Name schon sagt, als Gefängnis diente.

In nördlicher Richtung ist es nicht weit zum Waisenhaus-

Unter den Lauben lässt es sich gut bummeln, auch bei Regen

platz mit dem 1983 errichteten **Meret-Oppenheim-Brunnen.** Die bewachsene Säule war zunächst Anlass erbitterter Kunstdiskussionen. Inzwischen haben sich die Berner nolens volens an das moderne Werk gewöhnt.

Rund um den Kornhausplatz

Durch die * *Marktgasse* gelangt man zum *Kornhausplatz*, den der originellste Brunnen Berns, der *Kindlifresserbrunnen* (16. Jh.), ziert: Ein dicker Riese hält in seinen Taschen und einem umgehängten Sack acht Kinder gefangen; eines steckt er, Kopf voran, ins weit aufgerissene Maul. Die Figur diente wohl einst als abschreckendes Beispiel für kleine Übeltäter.

* Kornhaus

Beherrschendes Bauwerk am Platz ist das frei stehende, viergeschossige Kornhaus (1711–1718) mit mächtigem Walmdach, ein Hauptwerk des Berner Hochbarock. Heute wird das Kornhaus als Forum für Ausstellungen zu verschiedensten Themen (Design und Neue Medien bis zur Literatur und Musik) genutzt (🕐 Di–So 10–17 Uhr).

Im **Kornhauscafe** genießt man eine feine, sehr abwechslungsreiche Küche, der **Kornhauskeller** bietet dagegen eher traditionell Bernerisches. Ⓢ

* Französische Kirche ❸

Das 1270–1285 errichtete Gotteshaus nutzten ab 1623 französische Protestanten – daher der Name –, 1753/54 wurde die Kirche teilweise barockisiert. Trotz zahlreicher Eingriffe ist der Sakralraum immer noch bemerkenswert; am Hallenlettner sind vorzügliche Fresken von 1495 aus dem Umkreis des Berner Nelkenmeisters erhalten (🕐 Mo bis Sa 9–11, 14–17 Uhr).

* Zytgloggeturm ❹

Der aus dem frühen 13. Jh. stammende Turm, einst Westtor der ersten Stadterweiterung, ist das Wahrzeichen der Stadt. Heute präsentiert sich der Turm mit mehreren Zu- und Umbauten des 15. bis 18. Jhs. Die viel bestaunte astronomische Uhr mit Glockenspiel (1526 bis 1530) an seiner Ostseite stammt von Kaspar Brunner; kurz vor jeder vollen Stunde setzt sich eine Figurenschar in Bewegung (🕐 Führungen mit Turmbesteigung: Mai bis Okt. tgl. 16.30 Uhr).

Schweizer, Bürger und Burger

Dass es in einigen Teilen der Schweiz neben Einwohnern und Bürgern auch noch Burger gibt, ist schon etwas kompliziert und einem Nicht-Berner – oder gar Ausländer – nur mit Mühe zu erklären. Erst einmal gilt es in Erinnerung zu rufen, dass jeder Schweizer nicht nur ein Heimatland, sondern auch einen Heimatort hat, aus dem der Vater stammt und der im berühmten roten Pass eingetragen ist: Zürich, Steinhausen, Zäziwil oder eben Bern. Daneben besteht z. B. in Bern noch eine Burgergemeinde, die im mittelalterlichen Zunftwesen verankert ist und nach den Burgunderkriegen zu einer Gemeinschaft von Junkern und Handwerkern wurde. Heute zählt sie ca. 17 000 Mitglieder, die in einem Dutzend „burgerlicher Gesellschaften" zusammengeschlossen sind. Die Burgergemeinde ist nicht nur Berns größter Grundbesitzer, sondern auch kulturell und sozial sehr aktiv. Ihre politische Macht gehört längst der Geschichte an. Die Zugehörigkeit wird in der Regel vererbt; man kann aber auch – auf Antrag – in eine der Gesellschaften hineingewählt werden, allerdings nur gegen eine happige Eintrittsgebühr.

Zum * Bärengraben

* Kramgasse

Beim Zeitglockenturm betritt man Berns Schmuckstück, die breit angelegte Kramgasse, auch sie ist mit prächtigen Brunnen versehen. Den **Simsonbrunnen** (1544) ziert eine Figur von Hans Gieng, der auch in Bern und Freiburg zahlreiche kunstvolle Arbeiten hinterlassen hat; der **Zähringerbrunnen** (1535)

Seite 35

gilt als der älteste Figurenbrunnen der Stadt. Er zeigt das Wappentier, den Bären, in Harnisch mit Schild und Banner der Zähringer.

Fast ein halbes Jahrtausend alt: die Uhr am Zytgloggeturm

Die Kramgasse wird als „schönste Gass' in der Stadt" bezeichnet – nicht zu Unrecht, wirken die Fassaden, größtenteils zwischen 1705 und 1745 entstanden, hier doch besonders stilvoll und einheitlich. Da und dort geht die Bausubstanz im Kern noch bis auf die erste Stadtanlage (13. Jh.) zurück. Inmitten dieser Idylle lebte von 1902 bis 1909 Albert Einstein, der seinerzeit seinen Lebensunterhalt als Angestellter beim Patentamt verdiente. Die Wohnung im Haus Nummer 49, in der er 1905 die Grundlagen zur Relativitätstheorie erarbeitete, ist als kleines Museum eingerichtet (☉ Febr. bis Nov. Di–Fr 10 bis 17 Uhr, Sa 10–16 Uhr).

* Rathaus ❺

An der Kreuzgasse bietet sich links ein hübscher Durchblick zum Rathaus, vor dem der Vennerbrunnen (1542) steht. Der gotische Bau mit seiner doppelläufigen Freitreppe entstand zu Beginn des 15. Jhs., heute dient er als Sitz der Kantonsregierung. Gerade wegen ihrer Schlichtheit beeindruckt die Erdgeschosshalle, die ursprünglich als Kornspeicher genutzt wurde.

Einer der zahlreichen alten Figurenbrunnen in der Berner Altstadt

* Gerechtigkeitsgasse

Ganz im Barockkleid präsentiert sich die Gerechtigkeitsgasse, der östlichste

Im Bärengraben

und älteste Teil der Altstadtachse. Ihre ursprüngliche Breite von gut 25 Metern belegt, dass sie nicht nur Verkehrsweg, sondern auch Marktplatz der zähringischen Stadt war. Daher stammt ihr ursprünglicher Name Märitgasse, den sie bis Ende des 15. Jhs. mit der Kramgasse teilte. Erst nach der Verlagerung des Marktzentrums bürgerte sich allmählich der vom ***Gerechtigkeitsbrunnen** hergeleitete Name ein. Der von Hans Gieng 1543 geschaffene Figurenbrunnen war bis zu seiner Zerstörung 1986 der einzige in allen Teilen original erhaltene der Stadt; der heutige Brunnen ist eine Rekonstruktion.

Nydeggkirche ❻ und Nydeggbrücke

Der spätgotische Saalbau wurde auf den Fundamenten der um 1270 geschleiften Reichsburg errichtet, von der am Nydegghöfli noch der 1960 wieder entdeckte Ziehbrunnen erhalten ist. Als Verlängerung der Altstadtachse überspannt die **Nydeggbrücke** in 25 Meter Höhe die Aare.

*Bärengraben ❼

Unmittelbar jenseits der Hochbrücke liegt rechter Hand der 1857 geschaffene Bärengraben mit Berns populärer Attraktion: lebenden Bären. Die Wappentiere, im Volksmund „Mutzen", wurden allerdings schon sehr viel früher in Bern gehalten; so ist bereits in einer Urkunde aus dem Jahr 1441 von einem Bärengraben die Rede. Spätestens seit 1513, als die siegreich von der Schlacht bei Novara heimkehrenden Berner mit den eroberten Fahnen einen lebenden Bären als Kriegsbeute mitführten, haben die Tiere hier eine ständige Heimstatt.

Matte und *Junkerngasse

Unterhalb des eigentlichen Altstadtkerns, am linken Aareufer, liegt die **Matte,** im Mittelalter ein Gewerbeviertel, baulich und sozial von der „Oberstadt" klar abgegrenzt. Bis in die jüngste Zeit sprach man hier einen

Bern von oben

Den besten Blick auf die Altstadt hat man vom Turm des Münsters; und wenn etwa noch der Föhn bläst, könnte man glatt meinen, Eiger, Mönch und Jungfrau stünden gleich hinter Thun.

eigenen Dialekt, im Volksmund „Mattenenglisch" genannt (von Mattenenge), und noch heute zeigt sich der eigenständige Charakter. Die geschlossenen Fachwerkfassaden und Gewerbebauten bilden – von Muristalden aus gesehen – einen hübschen Kontrast zur Südfront der ***Junkerngasse,** die in einem leichten Bogen von der Nydeggbrücke zum Münsterplatz führt.

Vom **Münster zum Bundeshaus

Überragt wird die Dächerlandschaft der Altstadt von dem rund 100 m hohen Turm des ****Münsters ❽**. Das stattliche Gotteshaus – im Grundriss 84 mal 34 m groß – blickt auf eine außergewöhnlich lange Bauzeit zurück: Zwischen der Grundsteinlegung 1421 und der Einwölbung des Kirchenschiffs liegen rund anderthalb Jahrhunderte. Der durchbrochene Turmhelm wurde sogar erst 1893 nach dem Vorbild des Ulmer Münsters vollendet. Dennoch präsentiert sich die spätgotische Pfeilerbasilika stilistisch recht einheitlich. Eingehende Betrachtung verdient bereits das gotische **Hauptportal* (1490–1500) mit seinem üppigen plastischen Schmuck – eine ausgezeichnete Arbeit des Westfalen Erhart Küng. Auch der Innenraum beherbergt bemerkenswerte Kunstschätze, vor allem schöne spätgotische **Glasgemälde* im Bereich des polygon abschließenden Altarraumes.

Durch die Münstergasse, an der das 1515 erbaute **Mayhaus** (Nr. 62), Berns ältestes vollständig erhaltenes Wohnhaus, steht, kommt man zum Casinoplatz mit dem aufdringlich-klotzigen, neobarocken **Casino**.

Von hier ist es nicht weit zum **Bundeshaus ❾**, einem lang gestreckten, in florentinischem Renaissancestil gehaltenen Gebäudekomplex, von dem böse Zungen behaupten, er sei bald alt genug, um schön zu sein. In dem 1894 bis 1902 erbauten kuppelbekrönten Mittelteil tagen der National- und der Ständerat des eidgenössischen Parlamentes (Führungen Mo–Sa stdl. 9–11, 14 bis 16 Uhr, So 10, 11, 14, 15 Uhr). Wer sich für die derzeitigen und früheren Regierungsmitglieder interessiert, kann sich im **Café Fédéral** (Bärenplatz 31) einen Überblick verschaffen; dort hängt von jedem Bundesrat seit 1848 ein Bild an der Wand.

❶ Heiliggeistkirche
❷ Käfigturm
❸ Französische Kirche
❹ Zytgloggeturm
❺ Rathaus
❻ Nydeggkirche
❼ Bärengraben
❽ Münster
❾ Bundeshaus
❿ Schweizerisches
　 Alpines Museum
⓫ Bernisches
　 Historisches Museum
⓬ Naturhistorisches
　 Museum
⓭ Kunstmuseum

Seite 35

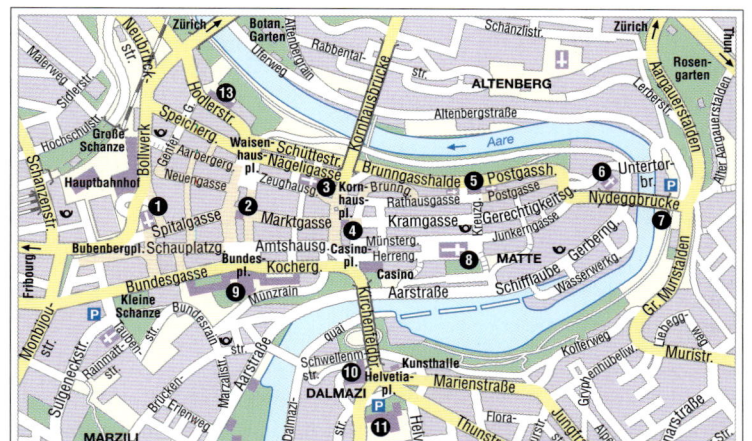

Seite
35

Demokratie live

Wer sich für die Arbeit der eidgenössischen Räte interessiert, kann einer Session von der Tribüne aus zuschauen und zuhören. Voranmeldung über ☎ 031/322 85 22.

Im Museumsviertel

Von der Bundesterrasse bietet sich ein schöner Blick auf den Aarelauf und das **Marzilibad**. Das Flussbad ist längst eine Berner Institution; das Marzilibähnli fährt von hier hinunter zum Aaareufer. In luftiger Höhe dagegen überspannt die Kirchenfeldbrücke den tief in das Molassegestein eingegrabenen Fluss. Sie verbindet die Altstadt mit dem **Helvetiaplatz,** um den sich mehrere interessante Museen gruppieren.

Kunsthalle

Im Osten liegt die 1918 eröffnete Kunsthalle, die als erster öffentlicher Bau bereits 1968 von Christo verpackt wurde. Wechselnde Ausstellungen vermitteln einen Einblick in die nationale und internationale Gegenwartskunst. (◷ Di 10–21 Uhr, Mi–So 10–17 Uhr.)

*Schweizerisches Alpines Museum ❿

Wer sich für Geologie, Flora und Fauna der Schweizer Alpen wie auch deren Erforschung und Erschließung interessiert, ist hier im kürzlich neu gestalteten Museum gut aufgehoben. (◷ Mo 14–17 Uhr, Di–So 10–12, 14–17 Uhr, Mitte Mai bis Mitte Okt. 10–17 Uhr.)

*Bernisches Historisches Museum ⓫

Das Museum besitzt großartige Ausstellungsstücke zu den Themen Ur- und Frühgeschichte, Völkerkunde sowie Kunsthandwerk. (◷ Di–So 10–17 Uhr.)

*Naturhistorisches Museum ⓬

Hier kann man u. a. 220 Dioramen einheimischer und fremdländischer Säugetiere und Vögel bestaunen. Wohl be-

kanntestes und beliebtestes Ausstellungsobjekt ist der legendäre Bernhardinerrüde Barry, der am Großen Sankt Bernhard nicht weniger als 40 Menschen das Leben gerettet hat. (◷ Mo 14–17 Uhr, Di–Fr 9–17 Uhr, Mi 9–20 Uhr, Sa/So 10–17 Uhr.)

Tierpark Dählhölzli und Kunstmuseum

An diesen Museumsbesuch lässt sich wunderbar ein Spaziergang durch den **Tierpark Dählhölzli** (Tierparkweg 1) anschließen, wo rund 300 verschiedene Haustier- und Wildtierarten vorwiegend aus Europa leben. (◷ Im Sommer tgl. 8–18.30 Uhr, im Winter 9–17 Uhr.)

Kunstliebhabern empfiehlt sich im Besuch im **Kunstmuseum** ⓭, Hodlerstraße 8, am Nordrand der Altstadt. Ein Sammlungsschwerpunkt liegt auf den Arbeiten von Berner Künstlern wie Albert Anker, Ferdinand Hodler und Adolf Wölfli. Bekannt ist aber vor allem die weltweit größte Sammlung von Werken des Wahlberners Paul Klee. (◷ Di 10–21 Uhr, Mi–So 10–17 Uhr.)

 Bern Tourismus,
im Bahnhof, CH-3001 Bern, ☎ 031/328 12 12, 🖷 312 23 88; ◷ Juni bis Sept. Mo–So 9–20.30 Uhr, Okt. bis Mai Mo–Sa 9–18.30 Uhr, So 10–17 Uhr. E-Mail: infores@bernetourism.ch, Internet: www.bernetourism.ch.

✈ Bern-Belp, Zubringerbus vom Hauptbahnhof (9 km).

Stadt- und Nahverkehr

Die Städtischen Verkehrsbetriebe bedienen ein engmaschiges Liniennetz von Bussen und Trambahnen; alle wichtigen Bus- und Trambahnstrecken gehen am Hauptbahnhof ab. Einzelfahrkarten löst man an den Stationen (Automaten); die preisgünstige „Bäre-Abi-Tageskarte" (7,50 sfr) bekommen Sie im Bahnhof (Bern-Tourismus) und in größeren Hotels.

Ebenfalls am Hauptbahnhof beginnen die von Bern Tourismus organisierten *Stadtrundfahrten* (Juni bis Okt. tgl. 14 Uhr; Nov. bis Mai Sa 14 Uhr) und *Altstadtrundgänge* (Mai bis Oktober tgl. 11.15 Uhr). Wer es lieber etwas romantisch mag, kann sich für die Stadtrundfahrt eine *Kutsche* mieten. Standplätze sind Bärenplatz, Zytglogge und Bärengraben (9.30 Uhr bis abends).

Viel bestaunt: das Portal am Berner Münster

 Bellevue Palace, Kochergasse 3-5, ☎ 320 45 45, 🖷 311 47 43. Berns schönstes Luxushotel, Sommerterrasse mit herrlichem Alpenblick. Und was auf den Tisch kommt, ob Langustenschwänze oder marinierte Zucchini, ist stets von allererster Güte – aber nicht billig. Ⓢ〉〉
Belle Epoque, Gerechtigkeitsgasse 18, ☎ 311 43 36, 🖷 311 39 36. Prächtiges Jugendstilhaus. Hotel garni mit Stil und jedem Komfort, mitten in Berns Altstadt. Neben dem üppigen Frühstück gibt's am Petit Restaurant und an der Bar auch kleine Imbisse. Ⓢ〉〉
Goldener Schlüssel, Rathausgasse 72, ☎ 311 02 16, 311 56 88. Gemütliches, mittelgroßes Hotel im Herzen der Stadt. Das Restaurant ist ein beliebter Treff für Einheimische wie Gäste, Straßenterrasse. Ⓢ〉

Vom Bundeshaus aus wird (tagsüber) die Schweiz regiert

 Zimmermania, Brunngasse 19, ☎ 311 15 42. Typische Kneipe mit gelungenen Küchenkreationen. Auf der Speisekarte finden sich neben Herzhaft-Deftigem auch feine Fischgerichte und Bistro-Häppchen. Und dann die Desserts – einfach himmlisch! So/Mo Ruhetag, Juli bis Mitte August geschl. Ⓢ
Goldener Schlüssel, Rathausgasse 72, ☎ 311 02 16, 🖷 311 56 88. Beliebter Treffpunkt mitten in der Altstadt, Straßenterrasse. So/Mo geschl. Ⓢ
Menuetto, Herrengasse 22, ☎ 311 14 48. Vegetarische Gerichte für Feinschmecker – fast noch ein Geheimtipp. So geschl. Ⓢ〉
Brasserie Bärengraben, Muristalden 1, ☎ 311 42 18. Nicht umsonst das Stammlokal vieler Berner. Auf

Fasnacht wird in Bern eher zurückhaltend gefeiert

Seite 35

der Terrasse hoch über der Aare schmecken die köstlichen Vorspeisen, guten Fischgerichte und hausgemachten Desserts besonders gut. Ⓢ

Berns **Lauben** sind zu jeder Jahreszeit einen Einkaufsbummel wert. Antiquitätenläden, Galerien, Boutiquen und kleine Läden, in denen man essbare Mitbringsel wie Berner Lebkuchenbären, Schweizer Schokolade, Emmentaler Käse oder Waldhonig kaufen kann, gibt es zur Genüge.

Seite 35

Dienstags und samstags vormittags finden in der Altstadt drei Märkte statt: Originelles bietet der **Warenmarkt** am Waisenhausplatz (Mai bis Okt. auch Do bis in den Abend); rund um den Bundesplatz gibt es Gemüse, Früchte und Blumen, Fleisch wird in der Münstergasse feilgeboten. Ein **Handwerkermarkt** wird jeden ersten Samstag im Monat auf dem Münsterplatz abgehalten. Wer gerne auf einem **Flohmarkt** herumstöbert, kann dies von Mai bis Oktober am dritten Samstag im Monat auf dem Mühleplatz tun. Qualitätvolle Schweiz-Souvenirs findet man im **Heimatwerk** in der Kramgasse 61; eine gute Adresse für Kunstgewerbe ist das **Desinfarkt** in der Gerechtigkeitsgasse 6. Das Kaufhaus schlechthin ist der **Loeb** (Spitalgasse).

Die Berner Musikszene ist ausgesprochen vielfältig. Im Programm des **Stadttheaters** (Kornhausplatz 20) dominieren Oper und Operette; wer Jazz mag, muss in **Marian's Jazzroom** im Hotel Innere Enge (Engestraße 54) vorbeischauen; Live-Musik gibt's in der Bar **Chikito** (Neuengasse 47), Folkloristisches wird im **Swiss Chalet** (Rathausgasse 75) geboten. Von den zahlreichen Klein- und Kellertheatern in der Altstadt seien hier erwähnt: das **Narren-Pack-Theater** in der Kramgasse 30, das **Theater am Käfigturm** mit Märchen und Komödien im Programm, das **Katakömbli** in der Kramgasse 25 und das **Puppentheater** in der Gerechtigkeitsgasse 31.

Rund um Bern

Die originellste Stadtrundfahrt findet auf der Aare statt, im Schlauchboot, dauert eine halbe Stunde und vermittelt garantiert neue Eindrücke von der Mutzestadt. Abfahrt Mai bis Sept. jeweils um 17.30 Uhr in Bern/Schwellemätteli.

Ausflüge von Bern

Gurten

Wegen der herrlichen Aussicht auf die Drei- und Viertausender am südlichen Horizont pilgern die Berner gerne auf ihren stadtnahen Hausberg, den Gurten (858 m). Vom Berner Vorort Wabern (2,5 km ab Stadtzentrum) führt eine Standseilbahn – die schnellste Europas – auf den Höhenrücken; zu Fuß oder mit dem Fahrrad dauert's natürlich etwas länger. Einmal im Jahr, am dritten Juliwochenende, ist hier der Bär los, weil unzählige Menschen aus Nah und Fern zum großen Open-Air-Festival am Gurten strömen.

Schwarzenburger Ländchen

Mit einem hochalpinen Anblick kann das sanfte Hügelland zwischen Sense und Aare nicht aufwarten, dafür mit viel Grün, Äckern und Wiesen und alten Dörfern mit stilvollen Bauernhäusern, die oft zwei oder drei Jahrhunderte alt sind. Eile verbietet sich bei diesem Ausflug in eine Landschaft, in der die Zeit still gestanden zu sein scheint (s. Karte S. 58).

Zimmerwald und Niedermuhlern

Man verlässt Bern durch den Vorort Wabern in Richtung Gürbetal. **Zimmerwald,** 10 km, kann mit einem schönen Blick über das Gürbetal bis zur Kette der Berner Alpengipfel aufwarten. Vor drei Generationen stand das kleine Dorf für kurze Zeit im Brennpunkt der großen Politik. 1915 versammelten sich hier Vertreter der Sozialistischen Internationale, darunter Lenin und Trotzki, um eine Strategie zur Beendigung des Ersten Weltkrieges zu erarbeiten.

Niedermuhlern, 13 km, ist ein Flecken mit besonders schönen Berner Mittellandhäusern mit hohen Rundgiebeln, Lauben und üppigem Blumenschmuck vor den Fenstern.

Riggisberg

Das schmucke Dorf (762 m), 20 km, steuern besonders gerne Freunde des Kunsthandwerks an. In der *Abegg-Stiftung Bern,** die in einem Neubau westlich des Dorfes untergebracht ist, sind kunstvolle Goldschmiedearbeiten, Plastiken, Wandmalereien und vor allem Textilarbeiten aus Europa und dem Vorderen Orient zu besichtigen. (◔ Ende April bis Ende Okt. 14–17.15 Uhr.)

Wanderung zum Gantrisch und Bürglen

Von Riggisberg führt eine kurvenreiche Straße südlich über Rüti in das beliebte Wander- und Skigebiet um das Berghaus **Gurnigel** (1594 m, 17 km). Vor allem die markanten Felszacken der Gantrischkette gelten als lohnende Tourenziele und sind allemal einen Abstecher auf Schusters Rappen wert: nur etwa 2 Std. dauert der Aufstieg zum **Gantrisch** (2176 m) oder auf den **Bürglen** (2165 m), beide Gipfel bieten einen herrlichen Ausblick auf die Drei- und Viertausender der Berner Alpen.

Schwarzenberg

Westlich von Riggisberg liegt Schwarzenburg (792 m; 2000 Einw.), 32 km, Hauptort und wirtschaftliches Zentrum des Schwarzenburger Ländchens. Sehenswert ist vor allem das 1463 erbaute **Chäppeli** mit seinem originellen, schindelgedeckten Glockenturm und das zweitürmige **Schloss,** das 1573 bis 1576 errichtet wurde. Im **Heimatmuseum** erhält man Einblick in den Alltag der Bauern vergangener Tage (◔ Juni bis Sept. So 14–17 Uhr).

Blumenmarkt am Berner Bundesplatz

Das Kirchlein von Wahlern oberhalb von Schwarzenburg

Lädt ein zum Wandern: Gantrisch

Seite 35

Route 1

Seite
43

Die große Seenrunde

*** Bern – * Murten – * Biel/Bienne –
* Solothurn – *** Bern (130 km)

Seeland heißt der nordwestlichste Teil
des Kantons Bern, und das aus gutem
Grund, denn auf Wasser stößt man
hier allenthalben. Die Route führt Sie
zu schmucken Winzerdörfern, mittelalterlichen Burgen, gotischen Kirchen,
malerischen Kleinstädten und natürlich zu den Seen, die man am schönsten bei einer „Drei-Seen-Fahrt" mit
den Aareschiffen erlebt. Biel bezaubert nicht nur durch seine hübsche
Lage, sondern besitzt auch durch das
Miteinander von Französisch und
Schwyzerdütsch seinen eigenen Reiz.
Solothurn, ein urbanes Juwel, zählt zu
den schönsten Städten der Schweiz,
wenn auch der Volksmund spöttelnd
behauptet, an ihr sei „wenig Speck
und viel Schwarten, viel Haag (Zaun)
und wenig Garten". Angesichts der
landschaftlichen Schönheit und der
Fülle an kulturhistorischen Sehens-
würdigkeiten sollten Sie für die Fahrt
zwei Tage einplanen.

Nach * Murten
und Avenches

Auf der Fahrt Richtung Murten (Bun-
desstraße 1) lässt man im Vorort Bümpliz das Stadtgebiet von *** Bern
(s. S. 30) hinter sich. Bei *Frauenkappelen* (601 m), 8,5 km, das auf einem
Höhenrücken über der hier zum Woh-
lensee aufgestauten Aare liegt, öffnet
sich ein weiter Ausblick: nordwestlich
zu den Juraketten, südlich zum weißen
Alpensaum. Bei *Gümmenen* (476 m) –
einst Reichsfeste, die 1333 von den
Bernern geschleift wurde – überquert
man die Saane auf einer gedeckten

Holzbrücke. Die Grenze zum Kanton
Freiburg verläuft wenige Kilometer
weiter westlich. Im Weiler **Jerisberghof**
befindet sich das *Bauernmuseum Alt-
hus,* untergebracht in einem für die Gegend typischen Holzhaus (1703) mit
weit heruntergezogenem Dach. Es zeigt
allerlei Gerätschaften des Acker- und
Feldbaus sowie für die Verarbeitung
von Milch, Getreide, Hanf, Flachs und
Wolle (◷ tgl. 9–18 Uhr).

Drei-Seen-Fahrt

In Murten startet die beliebte Drei-
Seen-Fahrt über den Murtensee zum
Neuenburger See und weiter zum
Bieler See. Täglich außer Mo von
Ende Mai bis Mitte September.

* Murten

Der Ort (franz. Morat, 453 m;
4600 Einw.), 28 km, liegt auf einer kleinen Anhöhe am Südostufer des gleichnamigen, rund 23 km² großen Sees (Lac
de Morat). Berühmt geworden ist der
Ort durch den zweiten, entscheidenden
Sieg der Eidgenossen über den Burgunderherzog Karl den Kühnen (1476).
Noch heute sind am „Zerschossenen
Turm" die Einschläge von Herzog Karls
Kanone zu sehen!

Das befestigte Stadtgeviert (etwa
150 mal 220 m), eine zähringische Neu-
gründung des 12. Jhs., besaß zwei
Hauptzugänge, von denen einer, das
trutzige **Berntor** von 1778 mit einer
großen Uhr, noch erhalten ist. Aus der
Savoyerzeit stammt das **Schloss,** das
später aber erheblich verändert wurde.

Schönste Zierde des Städtchens sind
die Arkaden an der Hauptgasse, überwiegend aus dem 16. Jh., wogegen die
Hausfassaden aus der Barockzeit stammen. Die großen Ställe und Speicher,
die nach Norden zum See liegen, weisen auf einst regen Warenverkehr hin.

Murten (Morat) liegt unmittelbar an der
deutsch-französischen Sprachgrenze;

das verdeutlichen auch die beiden Gotteshäuser, die **Französische Kirche** (1480) an der Rathausgasse und die **Deutsche Kirche** (17./18. Jh.) im Südosteck des Städtchens, mit einem mächtigen, in die Ringmauer eingebundenen Chorturm. Im **Pfarrhaus** (1730) wurde Albert Bitzius geboren, der als Jeremias Gotthelf (1797–1854) in die Literaturgeschichte einging.

Avenche

Zeugnisse der römischen Vergangenheit findet man auch in Avenches (480 m), das nur 11 km weiter südwestlich im breiten Talboden der Broye liegt. Aventicum war einst Hauptort Helvetiens mit immerhin 20 000 Einwohnern. Von der Stadtanlage blieben beachtliche Reste erhalten, u. a. Teile der fast 6 km langen Ummauerung und ein Amphitheater (Musée romain; ○ tgl. 9–12, 13–17 Uhr).

Auf geschichtsträchtigem Boden steht das Städtchen Murten

 Verkehrsbüro, Französische Kirchgasse 6, CH-3280 Murten, ☎ 026/670 51 12, 🖷 670 49 83.

 Murtensee, Drei-Seen-Fahrt.

 Le Vieux Manoir au Lac, Rue de Lausanne, ☎ 670 12 83, 🖷 670 31 88. In der ehemaligen Sommerresidenz eines französischen Generals ist man bestens aufgehoben. Gediegener Luxus und stilvoll eingerichtete Zimmer, ein schöner Blick von der Terrasse über den See. Die Küche genügt höchsten Ansprüchen. Ⓢ⟩⟩

Schiff am See, ☎ 670 27 01, 🖷 670 35 31. Traditionsreiches Haus direkt am See. Das Restaurant „Lord Nelson" ist bekannt für seine hervorragende Fischküche: Eglifilets an Weißweinsauce, pochierte Steinbuttfilets oder gegrillte Riesenscampi mit Zitronenbutter, alles natürlich mit gartenfrischen Zutaten. Ⓢ

Am Murtensee kommen Wassersportler auf ihre Kosten

Klein, aber fein: Erlach am oberen Ende des Bieler Sees

Zum Bieler See

Von Murten führt die Route quer durch das Große Moos, bekannt als Gemüseanbaugebiet, nach *Ins* (476 m; 2600 Einw.), 41 km, und weiter zum Bieler See. Zwischen Neuenburger und Bieler See erhebt sich der Bergrücken des *Jolimont* (603 m), ebenfalls ein hübscher Aussichtspunkt im Seeland.

Erlach

Das malerische Fleckchen (433 m; 1000 Einw.), 46 km, wird überragt von seiner Burg, die im Kernbestand auf die Zeit um 1100 zurückgeht. Die winzige Altstadt, im Volksmund schlicht „Stadt" genannt, mit ihren spätmittelalterlichen Laubenhäusern zeigt im Gegensatz zu dem etwas tiefer gelegenen, jüngeren „Städtchen" ein einheitliches spätgotisches Bild. Am unteren Ende der einzigen Gasse steht das Rathaus (um 1500) mit dem Stadttor.

 Zülli, Im Städtchen 2, 3235 Erlach, ☎ 032/338 11 22, 🖷 338 11 23. Auf der Speisekarte steht vor allem Fisch aus dem Bieler See, dazu passend ein spritziger Weißer aus Twann oder Ligerz. Ⓢ

*Le Landeron

„Klein, aber fein" gilt auch für das benachbarte Le Landeron (437 m), 50 km, eine Gründung der Neuenburger Grafen (um 1325). Das historische Ortszentrum bilden zwei ca. 150 m lange Häuserzeilen aus dem 16.–18. Jh., die an beiden Enden durch einen Torturm abgeschlossen sind.

*La Neuveville

Das dritte Städtchen (433 m; 3500 Einw.), 53 km, am westlichen Ende des Bieler Sees wurde 1312 vom damaligen Basler Bischof gegründet. Der nahezu quadratisch angelegte Grundriss lässt sich trotz Erweiterungsbauten noch gut erkennen. Beachtliche gotische und barocke Bausubstanz blieb

Himmlisches Panorama

Von La Neuveville führt eine Bergstraße via Lignières (803 m) über das Plateau der Montagne de Diesse hinauf zum Chasseral (1607 m). Die gebührenpflichtige Bergstrecke endet knapp unterhalb des Aussichtsgipfels (17 km), den man zu Fuß rasch erreicht. Das Panorama ist tatsächlich beeindruckend: Bei gutem Wetter reicht der Blick vom Säntis (2502 m) bis zum Mont Blanc (4807 m), dem „Dach Europas". Und da stehen sie dann Parade, die Traumziele passionierter Bergsteiger: Wetterhorn (3701 m), Schreckhorn (4078 m) und Finsteraarhorn (4274 m), Eiger (3970 m), Mönch (4107 m) und Jungfrau (4158 m), Gspaltenhorn (3436 m), Blümlisalp (3664 m) und Balmhorn (3709 m).

erhalten. Wahrzeichen der kleinen Stadt sind zwei Türme der mittelalterlichen Befestigung, die **Tour Rouge,** 1596 nach dem Vorbild des Solothurner Zeitglockenturms umgestaltet, und die **Tour Carrée** (1520).

Am unteren, seeseitigen Ende der *Rue du Marché, der „schönsten Gass' im Ort", mit zwei Bannerträgerbrunnen (1550) und offenem Stadtbach, steht die **Tour de Rive** (14. Jh.). Daneben erhebt sich die Kirche **Temple du Lac** (1720), gegenüber die 1758 im Stil Louis XV. erbaute **Maison aux Dragons,** die ihren Namen von den drachenköpfigen Wasserspeiern hat. Im Rathaus (16. Jh.) ist das **Musée d'Histoire** eingerichtet, in dem u. a. prähistorische Funde, Waffen und Beutestücke aus dem Burgunderkrieg gezeigt werden (🕐 Mai bis Okt. So 14–17 Uhr).

Blanche Eglise

Außerhalb des Städtchens, an der Straße nach Biel, steht die 1345 errichtete Blanche Eglise, die Weiße Kirche. Der Innenraum des in spätgotischer

1

Seite
43

Zeit umgebauten Gotteshauses bewahrt schöne Fresken aus dem 14. und 15. Jh. Die barocke Holztonnendecke wurde 1912 rekonstruiert.

 Office du Tourisme, Rue du Marché 4, CH-2520 La Neuveville, ✆ ☎ 032/751 49 49.

🚢 St.-Peters-Insel, Biel.

 Jean-Jacques Rousseau, Promenade J.-J. Rousseau, ✆ 032/751 36 51, ☎ 751 56 23. Das Hotel mit Seezugang und ruhigem Garten bietet komfortable Zimmer, zudem lässt die Küche kaum Wünsche offen. Im Herbst wird als besondere Spezialität Gamsbraten serviert. Ⓢ

St.-Peters-Insel

Mitten im See erhebt sich die bewaldete Halbinsel (474 m), die durch eine schmale Landzunge, den Heidenweg, mit dem Westufer verbunden ist. Von Erlach (s. S. 42) führt ein Fußweg zur

In La Neuveville

Die St.-Peters-Insel ist ein beliebtes Ausflugsziel

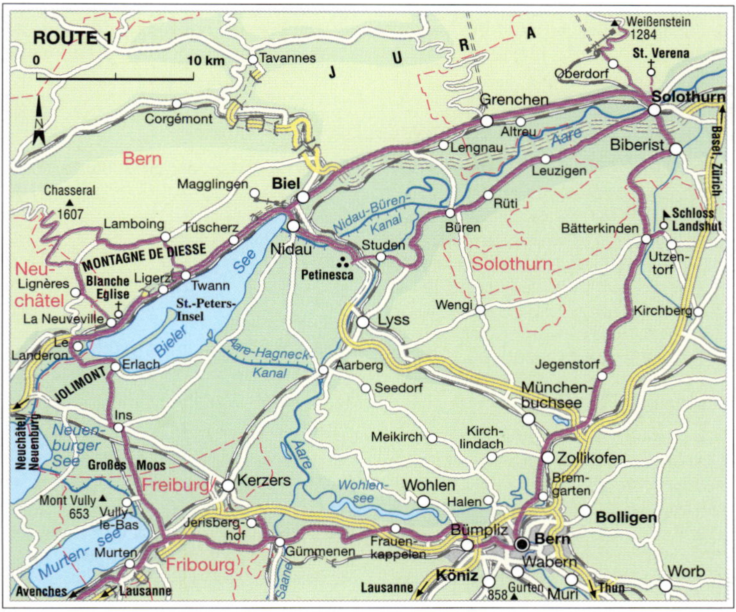

ROUTE 1

Weißenstein 1284
St. Verena
Oberdorf
Tavannes
Corgémont
Grenchen
Solothurn
Altreu
Lengnau
Biberist
Magglingen
Biel
Leuzigen
Chasseral 1607
Lamboing
Tüscherz
Nidau
Studen
Büren
Bätterkinden
Schloss Landshut
MONTAGNE DE DIESSE
Ligerz
Petinesca
Utzentorf
Neuchâtel
Lignères
Blanche Eglise
Twann
Solothurn
La Neuveville
St.-Peters-Insel
Wengi
Kirchberg
Le Landeron
Erlach
Lyss
JOLIMONT
Aare-Hagneck Kanal
Aarberg
Jegenstorf
Ins
Seedorf
Münchenbuchsee
Neuenburger See
Großes Moos
Meikirch
Kirchlindach
Zollikofen
Mont Vully 653
Vully-le-Bas
Freiburg/
Kerzers
Wohlen-see
Wohlen
Halen
Bremgarten
Jerisberghof
Frauenkappelen
Bümpliz
Bolligen
Murten
Gümmenen
Köniz
Bern
Wabern
Worb
Avenches
Lausanne
Lausanne
Gurten 858
Muri
Thun

Insel (1 Std.); die meisten Besucher kommen aber übers Wasser, wie auch Jean-Jacques Rousseau 1765. Das 1127 auf dem Eiland gegründete Cluniazenserpriorat dient heute als Hotel. In einem Zimmer sind Erinnerungsstücke an den Schriftsteller zu besichtigen, am Seeufer steht ein Rousseau-Denkmal.

🚢 Ligerz, Twann.

 Petersinsel, CH-3235 Erlach, ☎ 032/338 11 14, 📠 338 25 82. Keine Autos, dafür alte Klostermauern und Aussicht über den See. Das Gartenrestaurant bietet einfache, preiswerte Gerichte; in der urgemütlichen Seestube werden regionale Fischspezialitäten serviert. Die Gästezimmer in den ehemaligen Mönchszellen sind eher schlicht. Ⓢ

Ligerz

Das Dorf (franz. Gléresse; 435 m; 450 Einw.), 57 km, umrahmt von Weinbergen, bezaubert durch sein stimmiges Ortsbild; die Fassaden der überwiegend aus dem 16.–18. Jh. stammenden Häuser zeigen hübsche architektonische Details. Im „Hof", einem stattlichen

Herrensitz von 1555, ist das **Rebbaumuseum** untergebracht (🕐 Mai bis Okt. Mi/Sa/So 14–17 Uhr). Ein informativer **Rebenlehrpfad** verbindet Ligerz mit Twann (1,5 Std.). Probieren und natürlich auch kaufen kann man den süffigen Weißwein direkt beim Erzeuger.

🚢 St.-Peters-Insel.

 Kreuz, Hauptstraße 17, CH-2514 Ligerz, ☎ 032/315 11 15, 📠 315 28 14. Ein gutes Mittelklassehotel, das sich seit zwei Jahrhunderten in Familienbesitz befindet. Die Zimmer zur Bahn hin sind nichts für ausgesprochen Ruhebedürftige. Sauna und Dampfbad, Bistro-Terrasse am See. Fischküche, eigener Weinberg. Ⓢ

Twann

An der Hauptstraße des größten Weindorfs am Bieler See (franz. Douanne; 434 m; 800 Einw.), 59 km, stehen mehrere schöne Winzerhäuser, teilweise mit weit vorkragenden Dächern und Aufzügen. Der „Twanner" ist ein spritzig-trockener Weißwein, der gut zu Fischgerichten und zum Käsefondue

Auf die Sekunde genau: Schweizer Uhren

Wer kennt sie nicht, die Schweizer Uhren! „Swiss made" gilt nach wie vor als Inbegriff für Zuverlässigkeit, eine Eigenschaft, die nicht nur Helvetiens Eisenbahnen auszeichnet. Ihr kommt in diesem Land zwischen Rhein und Alpen, das – zumindest aus der Ferne betrachtet – wie ein gut geöltes Uhrwerk funktioniert, fast schon Symbolcharakter zu.

Als Vater der Schweizer Uhrmacher gilt der Genfer Martin Deboule (1583 bis 1639). Er war der erste einer ganzen Reihe von Meistern seines Fachs, zu denen auch Jean Rousseau, der Urgroßvater des berühmten Philosophen Jean-Jacques, gehörte. Von der Rhonestadt breitete sich die Uhrmacherei all-

mählich über den Jura bis in die Basler Gegend aus.

Mit der Einführung der industriellen Produktion nach 1850 erlebte die Uhrenherstellung einen riesigen Aufschwung, der Vertrieb erfolgte weltweit. Wichtige Zentren waren dabei neben Neuenburg (Neuchâtel) auch Biel und Grenchen. So bekamen diese Orte die Krise der Uhrenindustrie in den sechziger Jahren dann auch besonders heftig zu spüren: Produktionsstätten am Jurafuß wurden geschlossen, Mitarbeiter entlassen oder in Rente geschickt. Erst der Umstieg auf moderne Massenproduktion, verbunden mit zeitgemäß-poppigem Design („Swatch"), brachte den Erfolg zurück.

passt. Schön ist die Wanderung auf gutem Weg durch
die malerische **Twannbach-
schlucht** nach Prêles (822 m).

*Biel/Bienne

Nicht nur wegen seiner hübschen Lage an der Nord-
ostspitze des Bieler Sees verdient die Stadt Biel (434 m;
53 000 Einw.), 68 km, einen
Besuch; das Neben- und
Durcheinander von Welsch
(Französisch) und Schwyzerdütsch ver-
leiht der zweitgrößten Stadt des Kantons Bern ihren ganz besonderen Reiz.

*Aus den Reben, die am Bieler See
wachsen, wird ein spritziger
Weißwein gekeltert*

Die Gegend war bereits in vorgeschichtlicher Zeit besiedelt, wie das im
Museum Schwab ausgestellte reiche
Fundmaterial belegt (Seevorstadt 50;
🕐 Di–Sa 10–12, 14–17 Uhr, So 11 bis
17 Uhr). Die mittelalterliche Stadtgründung durch die Basler Bischöfe fällt in
die erste Hälfte des 13. Jhs.

Mittelpunkt des historischen Ortskerns
ist der ***Ring,** eine überaus malerische
Platzanlage mit schönem Vennerbrunnen (1546). An seiner Südostecke erhebt sich die reformierte ***Stadtkirche,**
der neben dem Berner Münster bedeutendste gotische Sakralbau des Kantons, mit schönen Glasmalereien in den
Chorfenstern (1457).

In der kleinen Bieler Altstadt

Zweite Platzanlage der Altstadt ist die
„Burg" mit dem 1530–1534 im Flam-
boyantstil errichteten **Rathaus** und
dem ehemaligen **Zeughaus** (1590), das
1842 zum Theater umgebaut wurde.
Auf der Rückseite dieser Bauwerke,
zum Rosiusplatz hin, sind noch Reste
der 1367 zerstörten landesherrlichen
Burg, die dem Platz seinen Namen gab,
und Teile der Befestigung, darunter
drei Türme, erhalten. Interessantes zur
Geschichte der Uhrenindustrie präsentiert das **Omega-Uhrenmuseum** an der
Jakob-Stämpfli-Straße 96 (🕐 nach
Vereinbarung; ☏ 032/343 92 11).

Nach und nach weitete sich Biel in
Richtung auf den See aus: die ungebär-

dige Schüss (franz. Suze) wurde kanalisiert, Straßen wurden angelegt. Im neuen Stadtviertel entstanden vornehme Landhäuser wie die 1694 erbaute **Rockhall** (Seevorstadt 103) und **Elfenau** (1862) an der Schüsspromenade 14, aber auch Fabrikbauten wie das sog. **Neuhaus** (Schüsspromenade 26). Der umgestaltete Komplex beherbergt heute zwei Museen, das **Museum Neuhaus** mit Ausstellungen zum Thema Wohnen im 19. Jh. und das **Museum Robert** mit Tier- und Pflanzenbildern der Malerfamilie Robert (☾ beide Museen Di–So 11–17 Uhr, Mi bis 21 Uhr).

Taubenlochschlucht

Ein interessanter Spaziergang führt in die Mündungsklamm der Schüss, Start in Biel-Bözingen, bis Frinvillier etwa 45 Min. (mit der Bahn zurück nach Biel).

Die Stadt überstand den Boom der 50er und 60er Jahre, die Krise der Uhrenindustrie und die Einstellung der Automontage (1975). Durch die Verlegung des Bahnhofs an seinen jetzigen Standort wurde in den 20er Jahren ein rund 90 000 m² großes Areal für eine neue Art des Bauens frei. An dem dafür ausgeschriebenen Ideenwettbewerb beteiligten sich führende Architekten des Landes. Das realisierte Gesamtwerk gilt als „echter Meilenstein im Städtebau der Schweiz".

 Tourismus Biel Seeland, Info-Center am Bahnhofplatz, CH-2501 Biel, ☎ 032/322 75 75, 📠 323 77 57.

🚢 Bieler See, Drei-Seen-Fahrt, Solothurn (Aare).

🚠 Standseilbahnen Magglingen und Evilard/Leubringen.

 Elite, Bahnhofstraße 14, ☎ 032/328 77 77, 📠 328 77 70.
Traditionsreiches Haus im Zentrum, Nachtclub. Erstklassige Küche. Ⓢ⟩⟩

Chrueg, Seestraße 2, CH-2563 Ipsach, ☎ 032/331 50 11, 📠 331 50 69. Nur 3 km vom Bieler Stadtzentrum (direkter Bahnanschluss) entfernt. Komfortable Zimmer, auch mit 3 und 4 Betten. Im Restaurant gibt's preiswerte Tagesgerichte, im Gourmet-Stübli leckere Fischgerichte – und hinterher setzt man sich noch an die Theke der Chrueg-Bar. Ⓢ

 Au Vieux Suisse, Hauptstraße 204, CH-2532 Magglingen, ☎ 032/322 50 40. Der „Alte Schweizer" (Seilbahn von Biel) bietet eine herrliche Aussicht hoch über dem Bieler See sowie hervorragende Fisch- und Fleischgerichte. Ⓢ

 Im Kleintheater **Théâtre de Poche** in der Bieler Altstadt (Obergasse 6) wird ein anspruchsvolles Programm geboten.

Nach Büren

Die Hauptverkehrsverbindung zwischen Biel und Solothurn verläuft nördlich der Aare über *Grenchen*. Entscheidet man sich für die interessantere Fahrt auf Nebenstrecken südlich der Aare, kann man auf dem Weg an der Ausgrabungsstätte von **Petinesca** (bei Studen, 6 km ab Biel) Halt machen, um unter freiem Himmel Zeugnisse der römischen Vergangenheit zu bewundern.

Die Militärstation mit Tempelbezirk an der Route Aventicum (Auvenches) – Salodurum (Solothurn) wurde im 1. und 2. Jh. teilweise innerhalb vorrömischer Wallanlagen errichtet.

Das Brückenstädtchen **Büren an der Aare** (443 m; 2900 Einw.), 80 km, wurde im zweiten Drittel des 13. Jhs. durch eine Nebenlinie der Neuenburger Grafen gegründet. Der gut erhaltene, ursprünglich von einem Wassergraben umgebene Kern weist beachtlichen spätgotischen und barocken Baubestand auf. Den Westabschluss beherrscht das stattliche *Schloss* (1620 bis 1625); im Osten des Städtchens steht die gotische Kirche.

1

Seite
43

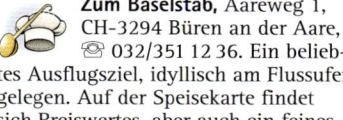

Zum Baselstab, Aareweg 1, CH-3294 Büren an der Aare, ☎ 032/351 12 36. Ein beliebtes Ausflugsziel, idyllisch am Flussufer gelegen. Auf der Speisekarte findet sich Preiswertes, aber auch ein feines fünfgängiges Menü. Freundlicher Service. Do, Fr bis 17 Uhr geschl. Ⓢ

Tipp Büren ist Schiffsanlegestelle; Biel und Solothurn sind also auch zu Wasser erreichbar. Auf der Bootsfahrt aareabwärts kommt man auf halber Strecke nach Solothurn, bei *Altreu* (429 m; Zufahrt von der Hauptstraße Biel-Solothurn), an der ältesten und mit rund 200 teilweise frei lebenden Störchen größten **Storchensiedlung** der Schweiz vorbei.

Am Bieler See

*Solothurn

Früheste Siedlungsspuren im heutigen Stadtgebiet (439 m; 16 000 Einw.), 95 km, gehen auf das Mesolithikum zurück; dennoch handelt es sich natürlich bei der Behauptung des Chronisten Franz Haffner anno 1666, die Gründung Solothurns habe bereits 1376 Jahre „vor und ehe die mächtige Stadt Rom fundirt ware" stattgefunden, um eine maßlose Übertreibung. Verbürgt ist dagegen das römische Salodurum. Dass man hier Traditionen hoch hält, beweist die schmucke kleine Altstadt mit ihren teilweise noch bestehenden Befestigungsanlagen. Der Ort war 1530 bis 1792 Sitz der französischen Gesandten in der Eidgenossenschaft. Etwas von dieser welschen Vergangenheit hat sich bis heute erhalten: Die Einheimischen sprechen deutsch, fühlen aber romanisch, wie es René Allemann, ein Kenner des Landes, treffend formulierte.

Nicht unbedingt ernst zu nehmen, aber auf jeden Fall erheiternd ist die Beziehung Solothurns zur Zahl 11: als 11. Stand der Eidgenossenschaft beigetreten, besitzt es 11 Kirchen und Kapellen und 11 historische Brunnen und Türme. Solothurn hat 11 Zünfte, sogar 11 Banken usw. Von der Magie dieser Zahl

Mauern und Türme umschließen den historischen Stadtkern von Solothurn

Ein Storchenparadies: Altreu an der Aare

ganz besonders angetan war wohl Gaetano Matteo Pisoni (1713–1782), Architekt der *St.–Ursen–Kathedrale, die als barockes Wahrzeichen der Ambassadorenstadt die Hauptgasse im Osten großartig abschließt: Im Turm hängen 11 Glocken, das Gotteshaus besitzt 11 Altäre, die gleichzeitig nur von einer Stelle im Hauptgang, beim 11. schwarzen Stein, zu sehen sind. Selbst Betstühle und Freitreppe weisen eine Elfer-Anordnung auf. Wen 22 mal 11 Treppenstufen nicht ganz außer Atem bringen, der sollte auf jeden Fall den Aufstieg zur Turmterrasse von St. Ursen unternehmen – der Blick über die Dächer, zur Aare und zu den fernen Alpengipfeln ist wunderbar!

Der Bummel durch die kleine, malerische Altstadt Solothurns ist fast wie eine Zeitreise zurück ins 17. und 18. Jh., denn Zeugnissen barocker Baukunst begegnet man auf Schritt und Tritt.

Zu den schönsten Kirchenbauten dieser Stilepoche gehört die *Jesuitenkirche (1680–1689) an der Hauptgasse mit ihrer überbreiten, aber gut proportionierten Fassade. Der Innenraum, eine Wandpfeilerhalle nach Vorarlberger Schema, beeindruckt vor allem durch den üppigen Stuck, der größtenteils von den Gebrüdern Giacomo und Pietro Neurone aus Lugano stammt.

Besondere Akzente im Stadtbild setzen auch der *Zeitglockenturm aus dem 12. Jh., der später seine astronomische Uhr (15./16. Jh.) erhielt, das im Kern gotische Rathaus mit seiner manieristischen Fassade (1711) und dann natürlich der mächtige, freistehende Bau des *Alten Zeughauses (1610–1614), der eine bedeutende Militaria-Sammlung beherbergt (Mai bis Okt. Di–So 10 bis 12, 14–17 Uhr; im Winter Di–Fr 14–17, Sa/So 10–12, 14–17 Uhr).

Das Naturmuseum im ehemaligen Klosterplatz-Schulhaus von 1765 vermittelt viel Wissenswertes über Flora und Fauna der Region, und die kleinen Besucher sind sicher begeistert von den Streicheltieren (Di–Sa 14–17 Uhr, So 10–12, 14–17 Uhr). Erwähnt sei auch das Kunstmuseum, das neben der sog. Solothurner Madonna von Hans Holbein d. J. und einigen Werken französischer Impressionisten vor allem schweizerische und solothurnische Malerei vom Mittelalter bis zur Gegenwart besitzt (Di–Sa 10–12, 14–17 Uhr, Do bis 21 Uhr, So 10–17 Uhr).

Wohnkultur vergangener Zeiten präsentiert das 1682–1684 für die französischen Gesandten erbaute Schloss Waldegg mit herrlichem Garten. Im Museum wird man über das Leben der Ambassadoren in einer Tonbildschau informiert (Mitte April bis Ende Okt. Di–Do, Sa 14–17 Uhr, So 10–12, 14–17 Uhr, im Winter nur Sa/So).

Weißenstein

Ein prächtiges Alpenpanorama bietet der Juragipfel oberhalb von Solothurn. Zufahrt über Oberdorf, 15 km.

Region Solothurn Tourismus, Hauptgasse 69, CH-4500 Solothurn, ☎ 032/626 46 46, 🖷 626 46 47.

Krone, Hauptgasse 64, ☎ 032/622 44 12, 🖷 622 37 24.
Traditionsreiches, ruhiges Haus mitten in der Altstadt.
Baseltor, Hauptgasse 49, ☎ 032/622 34 22, 🖷 622 18 79.
Als „umweltfreundlichstes Stadthotel der Schweiz" ausgezeichnet.
Im Restaurant ist das Faible für eine üppige, kreativ variierte Mittelmeerküche unverkennbar. Verwendet wird nur einheimisches Biofleisch. So geschl.

Zum alten Stephan, Friedhofplatz 10, ☎ 032/622 11 09.
Altbekannte Beiz (Kneipe) mit Straßencafé und originellem

1

Seite
43

„Narrenstübli" im 1. Stock, wo man vorzüglich isst. So/Mo geschl. ⑤

Nach Jegenstorf

Auf der Rückfahrt von Solothurn nach Bern lohnt sich noch der eine oder andere Zwischenhalt, etwa bei der 1664 errichteten Kirche in *Bätterkinden*, die eine vorzügliche Barockausstattung aufweist.

Jenseits der Emme liegt **Utzenstorf,** das mit * *Schloss Landshut,* dem einzigen intakten Wasserschloss im Kanton Bern, aufwartet. Die mittelalterliche Anlage wurde im 17. Jh. weitgehend neu erbaut. Sie beherbergt ein *Museum für Jagd und Wildschutz* (☐ Mitte Mai bis Mitte Okt. Di–Fr 14–17 Uhr, Sa/So 10–17 Uhr). Im Park entdeckt man ein verzweigtes Netz von kleinen Kanälen. Sie sind Teil eines alten, von der Emme gespeisten Bewässerungssystems, das die Abwässer von Utzenstorf als Dünger auf die Felder, die sogenannten *Wässermatten,* leitete, ehe das Dorf eine Kläranlage erhielt.

Bären, Hauptstraße 18, CH-3427 Utzenstorf, ☎ 032/665 44 22, 🖷 665 29 69. Urgemütlicher Berner Landgasthof mit drei Zimmern, vorzügliche schweizerische Küche. Eine Spezialität sind „Utzenstorfer Bachforellen", hinterher gibt's „Nidlechueche" (Sahnekuchen) oder „Bärechöpfli" (Karamellpudding). Mo/Di geschl. ⑤

Einen kurzen Besuch verdient auch die Kirche von **Jegenstorf,** 116 km, mit ihrer großen Zahl an * *Glasscheiben* des 16. und 17. Jhs. Im Schloss, einer um 1720 zum barocken Landsitz umgestalteten mittelalterlichen Wasserburg, befindet sich das gut ausgestattete *Museum für Bernische Wohnkunst* (☐ Mitte Mai bis Mitte Okt. Di–So 10–12, 14–17 Uhr).

Wahrzeichen von Solothurn ist die St.-Ursen-Kathedrale

Das Alte Zeughaus

Im Schloss Waldegg residierten einst die Gesandten des französischen Königs

Route 2

Das Emmental

*** Bern – Burgdorf – Langnau –
Schallenbergspass – * Thun (94 km)

Berühmt geworden ist das Emmental
natürlich durch seinen Käse, den man
im Ausland oft schlicht als Schweizer
Käse bezeichnet, doch zu einem
eigentlichen Reise- und Feriengebiet
hat es sich nie entwickelt. Wie einst
die Geschichte, so macht heute das
Gros der Touristen einen Bogen um
diesen malerischen Winkel im Herzen
der Eidgenossenschaft. Woran es
liegt? Sicherlich nicht daran, dass die
Emmentaler halt ihren Gring (Dick-
schädel) haben, wie man hier sagt,
und sich nie viel dreinreden lassen,
auch nicht von den „hohen Herren
aus Bern". Man muss die Gründe wohl
eher in der übermächtigen Konkurrenz im eigenen Kanton suchen.
Gegen die Allianz von Alpenseen und
Gletschereis ist eben schwer anzu-
kommen. Doch der Besuch lohnt sich:
Die zum Teil sanft geschwungene
Hügellandschaft verspricht auch
weniger anstrengende Wandermöglichkeiten. Mit Malereien und
Schnitzereien reich verzierte Bauernhäuser ziehen den Blick auf sich, und
urige Wirtshäuser laden ein. Für
einen Abstecher ins Emmental reicht
ein Reisetag.

Als Teil des „Alpenvorlandes" wird das
Gebiet zwischen Huttwil, Konolfingen,
Thun und Escholzmatt definiert; es
steigt, von tiefen Gräben zerfurcht, aus
dem Mittelland allmählich an bis gegen die 2000-m-Höhenmarke. Einige
Gipfel liegen sogar knapp darüber,
doch was ist das schon im Land der
Viertausender? Dafür kann das Emmental – neben seinem Käse – mit
einer urtümlichen Landschaft aufwar-

ten. Hier gibt es mehr Wander- und
Fahrradwege als Straßen, außerdem
Brauchtum, das noch nicht zur Show
verkommen ist – gerade richtig für jene
Idee des „sanften Tourismus", die in
den Köpfen der Fremdenverkehrsma-
nager herumspukt. Hat im Emmental
etwa die Zukunft schon begonnen?

Mit dem Rad

Das Emmental kann man auch sehr
gut per Fahrrad (in der Schweiz Ve-
lo) erkunden; es gibt hier zahlreiche
ausgeschilderte Radwanderwege.
Infos bei Pro Emmental (s. S. 53).

Nach Langnau

Man verlässt Bern über Zollikofen und
Hindelbank, dessen Barockschloss heu-
te von der Schweizer Regierung zu
Repräsentationszwecken genutzt wird.

Burgdorf

Bei Hindelbank zweigt die Straße nach
Burgdorf (530 m; 16 000 Einw.) ab. Historische Bausubstanz findet man vor
allem an der Hohen Gasse, der
Schmiedgasse und am Kirchbühel. Die
spätgotische **Stadtkirche** (1471–1490)
besitzt mit dem ehemaligen Hallenlettner ein Meisterwerk spätgotischer
Steinmetzkunst. Die ausgedehnte
* **Schlossanlage** geht im Kern noch auf
die Zeit der Stadtgründung zurück;
Bergfried und Palas gehören zu den
frühesten Backsteinbauten im Land, die
übrigen Teile entstanden während der
langen Vogteizeit. Von 1798 bis 1804
war im Schloss eine Schule Pestalozzis
untergebracht, heute wird in den Räu-
men eine lokalhistorische Sammlung
gezeigt (◔ April bis Okt. Mo–Sa
14–17 Uhr, So 10–17 Uhr).

In der Unterstadt empfiehlt sich ein Besuch des **Schweizerischen Zentrums für
Volksmusik, Tracht und Brauchtum.**
Das Museum im renovierten Kornhaus
(1770) zeigt u. a. Trachten aus allen Regionen der Schweiz und viele Musikin-

strumente, von denen man einige nicht nur anschauen, sondern auch spielen darf. Ausgerüstet mit Kopfhörern, können sich die Besucher zu einer akustischen Reise durch das Jahr aufmachen; die Geschichte der Tonaufzeichnung und -wiedergabe wird dokumentiert durch eine über 100 Exponate umfassende Sammlung von Phonographen und Grammophonen (🕐 Di–Fr 10–12.30 und 13.30–17 Uhr, Sa/So 10–17 Uhr).

Bauernland Emmental

 Emmenhof, Kirchbergstraße 70, CH-3400 Burgdorf, ☎ 034/422 22 75, 🖷 423 46 29. Gemütliches Hotel mit 11 modern eingerichteten Zimmern in einem alten Bauernhaus. Im Restaurant (Mo/Di geschl.) gibt's raffiniert zubereitete Gerichte. Ⓢ

Ab Burgdorf folgt man dem Tal der Emme, die südlich vom Hohgant entspringt und in der Nähe von Solothurn in die Aare mündet.

Lützelflüh

Der Ort (585 m), 31 km, ist bekannt geworden durch seinen dichtenden Pfarrer Jeremias Gotthelf, der hier von 1832 bis 1854 lebte und arbeitete und dem das Schreiben wichtiger war als seine seelsorgerischen Pflichten. Seine Schäfchen kannte er allerdings sehr gut, wie sich in seinen Novellen und Romanen nachlesen lässt.

Schöne Schweizer Trachten gibt's im alten Kornhaus von Burgdorf zu sehen

 Ein treffliches Sittenbild der Emmentaler Gesellschaft im 19. Jh. vermittelt Jeremias Gotthelf in „Geld und Geist".

Im Pfrundspeicher neben dem stattlichen Pfarrhaus (1657) ist ein kleines **Gotthelf-Museum** eingerichtet, in dem u. a. Manuskripte und Erstausgaben zu sehen sind. (🕐 April bis Okt. Mo 14 bis 17 Uhr, Di–Sa 9–11, 14–17 Uhr, So 10.15–11.15, 14–17 Uhr.)

Gotthelfs Pfarrhaus in Lützelflüh

Auf dem Friedhof befindet sich das Grab von Albert Bitzius (1797–1854) – so hieß Gotthelf mit bürgerlichem Namen (s. S. 19).

Raum für Ausstellungen, Konzerte und Theateraufführungen bietet die **Kulturmühle Lützelflüh** mit ihrem hübschen Garten. Die 1821 erbaute Mühle war bis vor einem Vierteljahrhundert noch in Betrieb; das mächtige Wasserrad samt Mahlwerk wurde – wie auch die alte Holzbrücke – restauriert.

Abstecher nach Affoltern

Wer endlich einmal sehen möchte, wie die Löcher in den Emmentaler kommen, sollte von Lützelflüh einen kurzen Abstecher ins 10 km entfernte Affoltern (801 m) machen. Attraktion des netten Dorfes sind außer seinen prächtigen Bauernhöfen die moderne **Schaukäserei** (🕐 tgl. 8.30–18.30 Uhr, Käsen: 9–11, 14–16 Uhr). Unter fachmännischer Anleitung können sich Gruppen im barocken Küherstock (1741) sogar selber im Käsen versuchen (Voranmeldung unerlässlich; ☎ 034/435 16 11).

 Bären, CH-3453 Sumiswald, ☎ 034/431 10 22, 🖷 431 23 24. Historischer Landgasthof aus dem 18. Jh. (5 km von Affoltern). In der Gaststube steht ein Tisch (1434), der in Gotthelfs „Die schwarze Spinne" erwähnt ist. Regionaltypische Küche. ⑤

＊Rüderswil bis Signau

Hinter Lützelflüh liegen beiderseits der Emme einige hübsche Bauerndörfer, etwa ＊Rüderswil (655 m) mit stattlichen Häusern des 18. und 19. Jhs. oder **Lauperswil** (646 m), dessen spätgotische Kirche einen bedeutenden Glasgemäldezyklus von 1519 bewahrt.

Signau (683 m) zeigt eines der schönsten Ortsbilder des Emmentals, mit geschlossener Häuserfront an der Hauptstraße.

Langnau

Hauptort des Emmentals ist Langnau (673 m; 9000 Einw.), 44 km, ein stattlicher Flecken im breiten Tal der Ilfis, die

Der mühsame Kampf ums Überleben am Napf

Der Reisende erlebt das Emmental im Herzen der Schweiz als heile Bilderbuchlandschaft, in der die Welt noch in Ordnung ist. Aus der Entfernung mag es so scheinen, die stattlichen, reich verzierten und blumengeschmückten Häuser suggerieren Wohlstand, Einklang mit Gott und der Welt. Aber die wirtschaftlichen Perspektiven sind oft wenig ermutigend, wie etwa am Napf, jenem Randgebiet zwischen den Kantonen Bern und Luzern, wo die Ruhe suchenden Städter so gerne wandern und sich erholen. Für die Bauern gibt es wenig Erholung, und das Geldverdienen ist eine mühsame Angelegenheit angesichts der sinkenden Milchpreise, des Rindfleischskandals und nicht zuletzt der Billigkonkurrenz aus dem Ausland. Trotz der knochenharten Arbeit sind die meisten bis heute geblieben, „sie beißen sich durch und schnallen den Gürtel enger", wie der Direktor der Landwirtschaftsschule Schüpfheim sagt. Doch wie lange noch? Subventionen sollen helfen, die wirtschaftliche Not zu lindern und so weit wie möglich das Einkommensgefälle zwischen Stadt und Land auszugleichen. So weist Meggen am Vierwaldstätter See etwa ein Steueraufkommen von über 3000 Franken pro Kopf aus, das Entlebucher Romoos gerade 377 Franken. Ein Projekt, das vor allem bei Touristen mehr Verständnis für die Probleme des Napfgebietes wecken möchte, ist der 75 km lange Wander- und Kulturweg „Grenzpfad Napf" bis zum Brienzer Rothorn an der Kantonsgrenze Bern/Luzern, der 1999 eröffnet werden soll.

ein paar Kilometer weiter in die Emme mündet. Am *Bärenplatz* steht das **Chüechlihaus** (16. Jh.), heute Heimatmuseum. Es zeigt u. a. alte Ansichten, Volkskunst und eine bedeutende Sammlung von Alt-Langnau-Töpferwaren (☾ März bis Nov. Di bis So 13.30–18 Uhr).

2

Seite 58

Schönste Platzanlage des Dorfes ist der *Hirschenplatz mit dem Gasthof „Hirschen". Der Besitzer war übrigens Chefkoch von Präsident Kennedy im Weißen Haus in Washington. Das Essen ist nicht nur gut, die Portionen sind auch einem großen Appetit gewachsen. Und den bekommt man hier vorzugsweise beim Wandern, wozu sich die mehr hügelige als alpine Umgebung bestens eignet.

Bei den Streifzügen stößt man unweigerlich auf die für das Emmental typischen Einzelgehöfte: neben dem breit ausladenden Wohnhaus mit charakteristischem Rundgiebel und reichem Blumenschmuck steht der „Spycher" für Getreide und Heu, etwas abseits das „Stöckli", ein kleines Haus für die Alten. Größter Stolz der Emmentaler Bauern ist das liebe Vieh, das den Rohstoff für den „Emmentaler" liefert, und folgerichtig sind die Viehmärkte, bei denen noch per Handschlag verkauft und natürlich bar bezahlt wird, das gesellschaftliche Ereignis Nummer eins.

Typisch für die Emmentaler Bauernhäuser ist der markante, oft ausgemalte Giebelbogen

Pro Emmental, Schlossstraße 3, CH-3550 Langnau, ☏ 034/402 42 52, 🖷 402 56 67.

Hirschen, Dorfstraße 17, ☏ 402 15 17, 🖷 402 56 23. Ein gemütlicher Gasthof mit einem jahrhundertealten Weinkeller und modern ausgestatteten Zimmern. Das Restaurant ist Mo/Di bis Mittag geschl. Ⓢ

Im Emmental gibt es noch über ein Dutzend Holzbrücken

2

Seite 58

Lüdern-Chilbi-Alpfest

Am zweiten Sonntag im August trifft sich halb Emmental zum großen Lüdern-Chilbi-Alpfest auf der Lüderenalp (1144 m; 14 km ab Langnau), die bei schönem Wetter einen Traumblick auf die Berner Hochalpen bietet. Da wird getanzt, gegessen und getrunken, da werden Fahnen geschwungen und Alphörner geblasen. Vielleicht erlebt man auch einmal die Emmentaler bei ihrem Volkssport, dem Hornussen (s. S. 11).

Frankhausgraben und Napf

In *Trubschachen* (731 m), 50 km, fallen ebenso wie im benachbarten *Trub* (3 km) einige stattliche Häuser mit reichem Fassadenschmuck auf. Nördlich führt ein Sträßchen in den waldreichen **Fankhausgraben** bis zur Mettlenalp (12 km), von wo aus man den **Napf** (1408 m) besteigen kann, (ca. 1,5 Std.). Auf dem vielbesuchten Wandergipfel erwarten Sie eine umfassende Aussicht und ein Berggasthaus.

Hirschen, CH-3555 Trubschachen, ☎ 034/495 51 15, 🖷 495 55 52. Saubere Zimmer, üppiges Frühstück, Berner Hausmannskost, sehr kulante Preise. Ⓢ

Über den Schallenberg

Bei *Wiggen* (788 m), 56 km, gabelt sich die Straße: Geradeaus geht's durch das Entlebuch nach Luzern, rechts über Marbach nach *Schangnau*, 65 km, wo man wieder das Tal der Emme erreicht.

Wanderungen auf den Hohgant und zum Brienzergrat

Von *Kemmeriboden* (976 m) wandert man drei bis vier Stunden zum **Hohgant** (2197 m), dem höchsten Gipfel im Emmental, mit einem eindrucksvollen Blick auf den vergletscherten Alpenkranz, kaum beeinträchtigt durch das etwas höhere Brienzer Rothorn

(2350 m; s. S. 67). Auf einer gebührenpflichtigen Straße kann man von Kemmeriboden bis zur Mürrenegg (1380 m; 5 km) weiterfahren, interessant vor allem in Verbindung mit Wanderungen zum **Brienzergrat,** wo sich eine herrliche *Aussicht auf den Brienzer See und die Berner Alpen eröffnet.

Kemmeriboden-Bad, CH-6197 Kemmeriboden, ☎ 034/493 77 77, 🖷 493 77 70. Die Zimmer sind einfach eingerichtet, der Gasthof mit seinen knarrenden Holzdielen ist urgemütlich. Die „Berner Platte" verlangt nach einem Verdauungsschnaps. Ⓢ

Räblochschlucht

Unterhalb von Schangnau überquert man auf einer Holzbrücke die Emme, die sich weiter flußabwärts durch die Räblochschlucht zwängt. Unerschrockene können sie auch auf einer Canyoningtour erkunden (s. S. 23). Knapp 1,5 km emmeabwärts hat die Natur selbst eine Brücke stehen lassen (Fußweg).

Schallenbergpass und Würzbrunnen

Den höchsten Punkt auf der Fahrt durchs Emmental erreicht man am **Schallenbergpass** (1167 m), 72 km. Die Serpentinen der kleinen Passstraße vermitteln einige hübsche Ausblicke auf das oberste Tal der Emme und südwestlich auf die Bergketten um das Simmental. Beim Weiler Oberei (907 m) empfiehlt sich der kleine Abstecher nach **Würzbrunnen** (958 m). Die ehemalige Wallfahrtskirche ist ein sehenswertes Baudenkmal der Spätgotik.

Über Scharzenegg (920 m) und Steffisburg (599 m) geht es hinab nach *Thun (s. S. 56), 94 km.

Trotz moderner Technik ist die Arbeit des Käsers entscheidend für die Qualität des weltberühmten Emmentalers

Route 3

Auf ins Oberland!

***Bern – *Thun – *Spiez – *Interlaken – Meiringen (84 km)

Auf ins Berner Oberland, wo man mehr Superlative entdecken kann als anderswo zwischen Rhein und Ticino. 1760 empfand es der Alpenforscher Grunder als „eine der fürchterlichsten Gegenden unseres Erdteils", hundert Jahre später bevorzugten es englische Lords und Ladies als „Playground of Europe", und heutzutage ist das Berner Oberland ein Zentrum des Schweizer Fremdenverkehrs: Auf engstem Raum finden Reisende hier vom glitzernden Badesee bis zum firnbedeckten Viertausender alle landschaftlichen Variationen einer Alpenregion und zudem eine Infrastruktur, die kaum Wünsche offen lässt. Im Eiltempo können Sie die Tour natürlich locker in einem Tag machen. Allerdings entgehen Ihnen dann wesentliche Erlebnisse: eine nostalgische Dampferfahrt von Interlaken über den Brienzer See, eine Fahrt mit dem Dampfzug aufs Brienzer Rothorn, grandiose Naturschauspiele wie die Aareschlucht oder die Reichenbachfälle. Wenn Sie zudem in aller Ruhe bummeln oder eine Bergwanderung machen möchten, sollten Sie sich mindestens zwei Tage Zeit nehmen.

Nach Kiesen

Wer die Fahrt in Ruhe genießen möchte, sollte auf der alten Hauptstraße von ***Bern zum Thuner See fahren. Auf ihr verlässt man bei *Muri* das Siedlungsgebiet des Großraums Bern. Eine gute Einstimmung bietet in **Kiesen** (547 m; 700 Einw.), 20 km, das *Nationale Milchwirtschaftliche Museum,* das stilgerecht in der alten, 1815 erbauten Käserei des Schlossgutes eingerichtet ist (© April bis Okt. tgl. 14–17 Uhr; Tonbildschau).

*Thun

Die Stadt (560 m; 40 000 Einw.), 28 km, am Abfluss des Thuner Sees gilt als Tor zum Berner Oberland. Die Siedlungsgeschichte reicht bis in die Jungsteinzeit (ca. 2500 v. Chr.) zurück. Aus dem keltischen „dunum" wurde Thun, aus dem römischen „vicus" ein befestigtes mittelalterliches Städtchen, Sitz der Grafen von Thun. Noch vor Ende des 12. Jhs. kam es an die Zähringer, nach deren Aussterben an die Kyburger. Nach der Zerschlagung des Ancien régime durch französische Revolutionstruppen war Thun kurzzeitig Hauptort des helvetischen Kantons Oberland. Und nach den Franzosen kamen bald die Engländer: „The Alps" wollten sie sehen, und das kann man von Thun aus sehr gut. Die Silhouette des *Schlossbergs* ist auch heute noch malerischer Vordergrund zur großen Gebirgskulisse.

Thuner Trampelwurm

Die ganz andere Stadtrundfahrt: auf einem bunten Velo-Zug, der zehn Fahr- bzw. Tretmöglichkeiten bietet, quer durch die Thuner Innenstadt (Mai–Oktober). ☎ 033/225 85 67.

An der Oberen Hauptgasse

Den Kern der kleinen Altstadt am rechten Aareufer, die über eine gedeckte Holzbrücke mit dem *Bälliz,* der Insel zwischen innerer und äußerer Aare, verbunden ist, bildet die Obere Hauptgasse mit ihren Laubenhäusern und den charakteristischen Hochgehsteigen über den Kellergeschossen.

An ihrem unteren Ende steht das **Rathaus** (16./17. Jh.), daneben, an der Nordwestecke des Rathausplatzes, das **Velscherhaus,** das älteste erhaltene Wohnhaus der Altstadt (14. Jh.).

*Schloss und Hofstetten-Quartier

Wahrzeichen der Stadt ist das imposante *Schloss (12. Jh.) mit seinen vier runden Ecktürmen. Der *Rittersaal gehört zu den eindrucksvollsten mittelalterlichen Profanräumen der Schweiz: 26 hochkant eingesetzte, 12 m weit gespannte Holzbalken tragen die Decke. Er bildet – zusammen mit anderen Räumlichkeiten der Feste – den stilvollen Rahmen des Schlossmuseums, das eine reiche volkskundlich-historische Sammlung hat (© April, Mai, Okt. 10 bis 17 Uhr, Juni bis Sept. 9–18 Uhr).

Architektonisch von der ersten Blütezeit des Fremdenverkehrs (19. Jh.) geprägt ist das **Hofstetten-Quartier** am Aareabfluss mit seinen Hotels und dem jüngst umgebauten Kursaal im Pagodenstil.

Vorort Scherzligen

Fast schon an die Loire versetzt fühlt man sich jenseits der Aare, im Vorort Scherzligen. Inmitten eines gepflegten Parks liegt hier unweit vom Seeufer *Schloss Schadau, ein bedeutendes Bauwerk der Romantik (1848–1852), stilistisch eine gelungene Verbindung von Tudorgotik und französischer Renaissance. Der Schlosspark lädt zu Spaziergängen, aber auch zu einem Besuch des **Wocher-Panoramas** ein. Dieses großformatige (39 mal 7,5 m) gemalte Panorama des Baslers Marquard Wocher (1760–1830) zeigt Thun zu Beginn des 19. Jhs. (© Ostern, Mai bis Okt. tgl. außer Mo 10–17 Uhr, Juli/August bis 18 Uhr.)

Nördlich davon steht die 761 erstmals urkundlich erwähnte **Scherzligenkirche,** eine der legendären „Thunerseekirchen" (s. S. 16). Dem niedrigen Schiff (um 1000) ist ein polygonaler Chor (14. Jh.) angefügt. Die bedeutenden Wandmalereien stammen von verschiedenen Künstlern (13.–16. Jh.);

Einst saßen hier die Berner Landvögte auf dem Schloss von Thun

Das Oberland anno dazumal, abgebildet auf dem Wocher-Panorama

(Märchen-)Schloss Schadau

3

Seite 58

auffallend an der Südwand eine große Passionsdarstellung, signiert von „peter maler von bern" (15. Jh.).

 Thunersee Tourismus,
Postfach, CH-3600 Thun,
☎ 033/251 00 00,
🖷 251 00 08; Internet:
www.thunersee-tourism.ch.

🚢 Thuner See (Uferorte, Rundfahrten).

 Krone, Rathausplatz 2,
☎ 227 88 88, 🖷 227 88 90.
Elegantes First-Class-Hotel mitten in der autofreien Altstadt; chinesisches und französisches Restaurant. Ⓢ⟩⟩
Alpha, Eisenbahnstraße 1,
☎ 336 93 93, 🖷 336 93 01. Modern eingerichtetes Hotel in Seenähe. Fitnessraum, Solarium, Dampfbad. Die Küche bietet Preiswertes, im „Grotto-Stübli" und in der „Tessinerstube" schweizerische und südländische Spezialitäten. Im Sommer wird auf der Terrasse gegrillt. Ⓢ⟩

 Schloss Schadau, Seestraße 45, ☎ 222 25 50.
Im „De Rougemont" kann man stilvoll, aber teuer tafeln. Ⓢ⟩⟩
Bubenberg-Stube. Etwas preiswerter als im Schloss Schadau. Mo geschl. Ⓢ⟩

 Ein Erlebnis besonderer Art bietet das **Kleine Freudenhaus** an der Berntorgasse 6: ein Theater für die Sinne – verspielt, poetisch, witzig (☎ 223 35 63). Anschließend kann man sich in **Hardy's Pub** am Rathausplatz noch einen Drink gönnen.

Thuner See

Den See kann man am schönsten vom Schiff aus erleben. Mit 48 km² gehört er zu den größeren Gewässern der Schweiz. Gespeist wird er von Gebirgsflüssen wie Lütschine, Kander und Simme.

Vor dem Bau der Uferstraßen war der See ein wichtiger Verkehrsweg, insbesondere für Waren; bereits 1836 wurde die erste Dampfschifflinie eröffnet, ein halbes Jahrhundert später dann die Eisenbahnlinie am Südufer von Thun über Spiez nach Interlaken. Heute frönen Segler und Surfer auf dem See ihrem Hobby, unerschrockene Badefreunde erfrischen sich im kühlen Nass, obwohl die Wassertemperatur selbst im Hochsommmer nur 20 °C erreicht, und Sonnenhungrige entspannen sich auf den Liegewiesen am Nordufer, das ein sehr mildes Klima aufweist.

Ausflüge von *Thun

Uetendorf und Blumenstein

In der Schauglashütte der *Sarner Cristal* in **Uetendorf** (5 km) erlebt man Kunsthandwerk live und kann die mundgeblasenen Kunstwerke natürlich auch erwerben (🕐 Di–Fr 10–17.30 Uhr, Sa 10–16 Uhr, So 11–16 Uhr).

Kunstgeschichtlich Interessierte wird der Weg in westliche Richtung führen. Am Eingang zum kleinen Tal des Fall-

Sommer am Thuner See

3

Seite
58

ROUTEN 2 UND 3

0   10 km

N

Wolhusen

Luthernbad

Sumiswald

Lüderenalp
1144   Geissgratflue

Napf
1408

Luzern

üderswil   1332   **Mettlenalp**

Bern   Entlebuch

Langnau   Trub   Mittaggüpfi
2040

erswil   Schüpfheim

Trubschachen

Escholzmatt   Fürstein
2040   Sarnen

②

Wiggen

Würz-
brunnen

Marbach

Unterwalden

Schallenbergpass   Schangnau

Oberei   1167   Sörenberg   Giswil

②

warzenegg   Kemmeriboden   Brienzer
Rothorn

Natur-
schutz-
gebiet   Hongant
2197   ▲2350   Lungern-
see

Hochstollen
2481 ▲

Freilichtmuseum
Ballenberg

Augst-
matthorn   Brienz   Brünigpass   Käserstatt
1008

Gemmen-   2137   ③   Giessbach   ③   Hasliberg
alphorn   See   Aare

riswil   2061   Habkern   Meiringen   Aareschlucht

Merligen   Ringgen-   Giess-   Axalp   Wandelhorn   Reichen-
berg   bach-   2304   bach-
Harder   Iseltwald   fälle   fall   Innertkirchen
▲1306

Beatenberg   Interlaken   Schwarzhorn   Schwarz-
wald-
alp   Rosenlaui-
schlucht

er See   Därligen   Bönigen   Faulhorn   First   Große
Wildersgil   2681   2167   Scheidegg   Gallauistöck
gen   ③   1962   2869

Saxeten   Schynige Platte
2101

bachs steht in abgeschiedener Lage die Kirche von **Blumenstein** (12 km), ein gotischer Bau mit flach gedecktem Langhaus und spätromanischem Turm. Im Chor sind bedeutende * *Glasmalereien* (um 1325) zu sehen.

Amsoldingen

Ein malerisches Ensemble bilden Dorf, Kirche und See von Amsoldingen (643 m; 600 Einw.), 7 km. Die ehemalige * **Propsteikirche St. Mauritius**, eine ottonische Pfeilerbasilika mit Dreiapsidenschluss und Hallenkrypta, ist neben Spiez die am besten erhaltene „Thunerseekirche" (s. S. 16).

Am Nordufer des Thuner Sees

Für die Weiterfahrt nach Interlaken können Sie zwischen Nord- und Süduferstraße wählen. Die schöneren Ausblicke bietet die nördliche Uferstraße, an der auch mehrere Ferienorte liegen, die interessanteren Baumonumente stehen hingegen an der Süduferstraße.

Tipp Im Mündungswinkel zwischen Kander- und Simmental ragt die ebenmäßig gebaute Pyramide des * **Niesen** (2362 m; s. S. 82) als Blickfang im Süden auf. Von Mülenen kann man den Aussichtsberg bequem mit der Seilbahn besteigen. Dahinter erkennt man Drei- und Viertausender wie Blümlisalphorn, Doldenhorn, Balmhorn, Altels und Rinderhorn, links Jungfrau, Mönch und Eiger, Schreckhorn und Wetterhorn.

Hilterfingen

Erster Ort an der Norduferstraße ist Hilterfingen (579 m; 3600 Einw.), 32 km, dessen * **Schloss** auf jeden Fall einen Besuch lohnt. Der 1863 im Stil französischer Renaissanceschlösser errichtete Repräsentationsbau dient heute als *Museum für Wohnkultur des Historismus und Jugendstil* (Mitte Mai bis Mitte Okt. Mo–Sa 14–17 Uhr, So 10–12, 14–17 Uhr).

 Schönbühl, Dorfstraße 47, CH-3652 Hilterfingen, ☎ 033/243 23 83, 🖷 243 40 47. Familienhotel mit schöner Aussicht. Komfortable Zimmer; die große Speisekarte verzeichnet neben Fisch auch Vegetarisches; wer's deftig mag, der wählt den „Galgen-Grill". Ⓢ

Oberhofen

Wohnkultur von der Gotik bis ins 19. Jh. bietet auch Oberhofen (563 m; 2100 Einw.), 33 km, das mit Hilterfingen praktisch zusammengewachsen ist. Das malerisch am Seeufer liegende * **Schloss,** ursprünglich eine Wasserburg mit mächtigem Turm, erlebte im Lauf der Jahrhunderte zahlreiche Besitzer und Umbauten. Einer von ihnen, Walter IV. von Eschenbach, war über den Verlust von Oberhofen offenbar so erbost, dass er sich 1308 dem Komplott zur Ermordung König Albrechts von Habsburg anschloss; andere ließen die Feste aus- und umbauen. So präsentiert sich das im Kern mittelalterliche Schloss in romantisch-historisierendem Gewand. Zu besichtigen sind neben prunkvollen Wohnräumen eine

Auf dem Blumen

Einen besonders schönen Blick über den Thuner See hat man vom Aussichtsturm auf dem Blumen (1392 m). Die schattige Familienwanderung von Heiligenschwendi (1102 m) dauert etwa 1 Std.

Waffensammlung, Oberländer Volkskunst und – welch ein Kontrast! – ein türkischer Rauchsalon. In der gotischen Schlosskapelle sind Fresken aus der Zeit vor 1500 zu sehen. (Mitte Mai bis Mitte Okt. Mo 14–17 Uhr, Di–So 10–12, 14–17 Uhr.)

Klassische Moderne zeigt die **Sammlung „Im Obersteg".** Sie umfasst u. a. Werkgruppen von Chagall, Picasso, Roualt, Soutine und Amiet (Mitte

Mai bis Mitte Okt. Di–Sa 10–12, 14–17 Uhr, So 10–17 Uhr). Wer sich mehr für Kunsthandwerkliches interessiert, wird dem **Museum für Uhren und mechanische Musikinstrumente** einen Besuch abstatten (◷ Mitte Mai bis Ende Okt. Di–Sa 10–12, 14–17 Uhr, So 10–17 Uhr).

Oberhalb vom „Heidenhaus" (16. Jh.), an der Straße nach Interlaken, liegt ein stattlicher Weinberg. Dort gedeihen die Reben für den überraschend milden, recht gehaltvollen „Oberhofner" (Riesling-Silvaner und Blauburgunder).

*Gläserne Kunst in Uetendorf:
Sarner Cristal*

Gunten und umliegende Bauerndörfer

Während Segler und Surfer den 500-Seelen-Ort **Gunten** (565 m) am See als Urlaubsort bevorzugen, quartieren sich Ruhe Suchende und Wanderfreunde eher in den höher gelegenen Bauerndörfern **Aeschlen** (763 m), **Sigriswil** (800 m), **Tschingel** (921 m) und **Schwanden** ein.

*Schloss Oberhofen
am Thuner See*

 Hirschen am See,
CH-3654 Gunten, ☎ 033/251 22 44, 🖷 251 38 84. Gut geführtes First-Class-Hotel direkt am See, privates Strandbad, gemütlich eingerichtete Komfortzimmer, zwei Restaurants. Besonders empfehlenswert sind die leckeren Fischgerichte. Ⓢ))
Eden, ☎ 033/251 15 12, 🖷 251 15 14. Familienhotel am See. Garten mit Schwimmbad. Die Küche bietet auch Schonkost. Ⓢ)

Merligen mit * Justistal

Auf dem Schwemmkegel des Grönbachs liegt **Merligen** (568 m; 750 Einw.), 40 km, früher Fischerdorf, heute ebenfalls ein beliebter Ferienort. Ein reizvolles Wandergebiet ist das zwischen Sigriswil- und Guggisgrat eingebettete *Justistal.* Ende September findet am Speicherberg (1237 m; 2,5 Std. ab Merligen) der „Chästeilet" statt. Der alte Brauch der Käseaufteilung wurzelt in der genossenschaftlichen Organisation der Bauern, die hier rund 250 Stück Vieh sömmern.

*Wallfahrtsort und Naturdenkmal:
die Beatushöhlen*

* Beatenberg und Beatushöhlen

Letzterer ist ungleich bekannter, seinem Namen begegnet man auf der Weiterfahrt gleich mehrfach: in der Beatenbucht hat die Standseilbahn nach * **Beatenberg** (s. S. 65) ihre Talstation, und hinter der „Nase" führt die Uferstraße unterhalb der **Beatushöhlen** vorbei (Fußweg 10 Min.). Im Spätmittelalter war die Einsiedelei des heiligen Beatus ein beliebter Wallfahrtsort; 112 soll er hier gestorben sein. Eine Nachbildung der Klause erinnert an ihn. Für die meisten Besucher dürften aber die phantastischen Tropfsteinbildungen, Wasserkaskaden und Höhlenräume der Beatushöhlen interessanter sein. Bislang sind über acht Kilometer des verzweigten Systems erforscht, gut ein Kilometer ist zugänglich gemacht und beleuchtet. Ein kleines Museum informiert über Höhlenforschung einst und jetzt (☼ Palmsonntag bis 3. Sonntag im Okt tgl. 10.30–17 Uhr; Führungen etwa alle 30 Min.).

Am Südufer des Thuner Sees

Einigen

Im Ort (574 m; 1100 Einw.), 35 km ab Bern, lohnt die Besichtigung des Kirchleins (10./11.), das als älteste der zwölf sog. Thunerseekirchen (s. S. 16) gilt.

* Spiez

Wahrzeichen von Spiez (628 m; 7000 Einw.), 38 km, ist der aus Schloss und Kirche bestehende Baukomplex, der sich eindrucksvoll auf einem schmalen Geländesporn über der Bucht erhebt. Am Spiezberg (687 m) wird der „Spiezer" (Riesling-Silvaner) angebaut. Über Geschichtliches und den Weinanbau informiert das **Heimat- und Rebbaumuseum** (☼ Mai bis Okt. Mi/Sa/So 14–17 Uhr). Das * **Schloss** mit seinem wuchtigen Turm geht im Kern auf das 12. Jh. zurück, wurde aber später, vor allem unter den Erlachern umge-

Auf Schusters Rappen

Der Besuch der Beatushöhlen lässt sich mit einer schönen Wanderung verbinden: 3 Std. von Merligen nach Interlaken; Rückfahrt über den See per Schiff.

baut. Heute ist in seinen Mauern ein *Wohnmuseum* eingerichtet, das Einblick in den Lebensstil der Berner Aristokratie vergangener Zeiten gewährt. Der große *Festsaal* gilt als vorzügliches Beispiel des schweizerischen Frühbarock. (☼ Karfreitag bis Mitte Okt. Mo 14–17 Uhr, Di–So 10–17 Uhr, Juli bis Mitte Sept. tgl. bis 18 Uhr.)

Noch älter als das Schloss ist die * **Schlosskirche,** die um 1000 auf den Fundamenten eines Vorgängerbaus errichtet wurde. Die gut erhaltene ottonische Pfeilerbasilika mit erhöhtem Chor, Dreiapsidenschluss und einer Krypta, deren ovaler Grundriss in der Schweiz ohne Gegenstück ist, gehört stilistisch ebenfalls zu den zwölf „Thunerseekirchen" (s. S. 16).

Verkehrsbüro, Bahnhofstraße 12 A, CH-3700 Spiez, ☎ 033/654 21 38, 🖷 654 21 92, E-Mail: spiez@deskline.ch.

Des Alpes, Seestraße 38, ☎ 65 33 54, 🖷 654 88 50. Gemütliches Mittelklassehaus mitten im Ort, mit schönem Garten und zauberhaftem Seeblick. Ⓢ **Belvedere,** Schachenstraße 39, ☎ 654 33 33, 🖷 654 66 33. Elegantes, altehrwürdiges Hotel am See. Die phantasievoll variierten Gerichte von Küchenchef Albert Loretan schmecken einfach wunderbar. Ⓢ))

Panorama, Scheidmatti, CH-3703 Aeschi (6 km ab Spiez), ☎ 033/654 29 73. Traumhaft gelegenes Haus. Was auf den Tisch kommt, ist frisch und mit Geschick zubereitet. Ⓢ)

*Interlaken

Nachdem man die kleinen Ferienorte Faulensee, Krattigen und Därligen passiert hat, erreicht man Interlaken (570 m; 5000 Einw.), das nicht nur – wie der Name sagt – „zwischen den Seen", sondern zwischen Seen und Bergen liegt. Der berühmte Blick auf Eiger, Mönch und die firnbedeckte Jungfrau lässt das Herz eines jeden Bergfreundes höher schlagen. So verwundert es nicht, dass Interlaken Ende des 18. und Anfang des 19. Jhs. zu den ersten Schweizer Fremdenverkehrsorten gehörte und u. a. Prominente wie Lord Byron, Goethe oder Josephine, die Gemahlin Napoleons, anzog.

In Einigen steht eine der zwölf spätmittelalterlichen Thunerseekirchen

3

Seite
58

Kursaal und Schloss

Einige der in dieser Zeit entstandenen luxuriösen Pensionen und Hotels kann man noch heute bestaunen, wie auch den **Kursaal**, dessen Fassade eine Mischung aus Neobarock, Heimatstil und fernöstlicher Exotik darstellt.

In der nahe gelegenen Schlossstraße, am östlichen Ende der Höhenmatte, befindet sich das Areal des ehemaligen Augustinerklosters. Vom einstigen Konvent der Augustinerinnen blieb nur

Wahrzeichen von Spiez ist sein mächtiges Schloss

Open–Air in Interlaken

Am Südfuß der Heimwehfluh, zwischen Matten und Wilderswil, liegen die wenigen Häuser von *Unspunnen,* überragt von der Ruine seiner mittelalterlichen Burg. Unspunnen war 1805 und 1808 Schauplatz großer Hirtenspiele, die – dem romantischen Zeitgeist entsprechend – viel Volk aus dem In- und Ausland anzogen. Erfunden hatten sie die gewieften Stadtberner, die damit das von Napoleon zum eigenen Kanton gemachte Oberland wieder stärker an sich binden wollten. Die Trennung ist längst Geschichte, aber die Unspunnenspiele haben überlebt. Sie werden nur etwa alle 13 Jahre veranstaltet.

Zum Programm der folkloristischen Großveranstaltung, die natürlich unter freiem Himmel stattfindet, gehört neben Musizieren, Jodeln, Fahnenschwingen und Trachtenumzügen auch das Steinstoßen. Dabei gilt es, den fast 85 kg schweren Stein möglichst weit zu werfen – der Rekord hierfür liegt immerhin bei 3,61 m! 1984 wurde das Festsymbol von Bewohnern des Jura entwendet, deren politische Losung damals hieß: fort vom Kanton Bern! Den neuen Stein kann man in der Schalterhalle der Schweizerischen Bankgesellschaft (SBG) in Interlaken besichtigen.

ein Kreuzgangflügel (um 1445) erhalten. An der Stelle des Männerkonvents wurde 1747–1751 das stattliche **Schloss** mit einem weitläufigen Park errichtet (Zinnfiguren-Ausstellung, ○ Mitte März bis Mitte Okt. Di–So 14–17 Uhr, im Winter So 15–17 Uhr).

Tell im Bernbiet

Jeden Sommer wird in Interlaken Schillers „Wilhelm Tell" unter freiem Himmel aufgeführt (Mitte Juni bis Anfang September). Infos ☎ 033/822 21 54, ☎ 826 53 75.

3

Seite **58**

Höhenmatte und Unterseen

Dass die **Höhenmatte** noch heute unverbaut ist, ist ein Verdienst der Hoteliers jener Pionierzeit, die erstaunlichen Weitblick bewiesen, kauften sie doch 1864 die Höhenmatte, um ihren Gästen den einmaligen Blick auf Eiger, Mönch und Jungfrau zu erhalten. Der florierende Tourismus führte dazu, dass sich Interlaken vergrößerte und schließlich mit dem Dorf Matten und dem Städtchen **Unterseen** zusammenwuchs. Sie bilden nunmehr ein fast geschlossenes Siedlungsgebiet (rund 15 000 Einw.). Das spätmittelalterliche Unterseen lädt zu einem Besuch des *Touristik-Museums* ein, das Interessantes und Kurioses über die Entwicklung des Fremdenverkehrs in und um Interlaken zeigt (○ Mai bis Mitte Okt. Di–So 14–17 Uhr).

 Interlaken Tourismus, Höheweg 37, CH-3800 Interlaken, ☎ 036/822 21 21, ☎ 822 52 21, Internet: www.interlakentourism.ch.

 Thuner See, Brienzer See.

Victoria–Jungfrau, Höheweg 41, ☎ 828 28 28, ☎ 828 28 80. Alles an dem Haus atmet Eleganz und Luxus. Ganz modern ist das Römische Bad, wo man den Alltagsstress vergisst. Auch die Küche ist spitzenmäßig. Ⓢ⟫

Hirschen, Hauptstraße 11, Matten/Interlaken, ☎ 822 15 45, ☎ 823 37 45. Das ehemalige Bauernhaus (16. Jh.) beherbergt heute ein gepflegtes Hotel. Ausgezeichnete Küche, die auf eine Forellenzucht und einen hauseigenen Gemüsegarten zurückgreifen kann. Ⓢ
Balmer's Herberge, Hauptstraße 23, ☎ 822 19 61, ☎ 823 32 61. Moderne Touristenunterkunft, mit Zimmern für 2 bis 8 Personen. Kochgelegenheit, Waschservice und Fahrradverleih. Ⓢ

 Tägliches Folkloreprogramm bietet das **Restaurant Spycher** im Kasino Interlaken. Von Mitte Juni bis Mitte Oktober gibt's freitags (Tanz-)Musik im **Harder Kulm** (Abendfahrten mit der Standseilbahn). Junge Leute fühlen sich wohler in der Erlebnisdisco **Café Grössenwahn** im Hotel Victoria-Jungfrau (tgl. 20–3 Uhr).

Ausflüge von Interlaken

Die zahlreichen Bergbahnen, die kurz nach Interlakens Schienenanschluss (1883) gebaut wurden, ermöglichen es, dass man ganz bequem die Schynige Platte, den Harder und die Heimwehfluh erreichen kann.

Heimwehfluh

Ortsnächster Aussichtspunkt ist die Heimwehfluh (660 m), ein winziger bewaldeter Ausläufer des Därliggrates, südwestlich von Interlaken. Mini ist hier nicht nur der Hügel, sondern auch die nostalgische Standseilbahn, die in gut zwei Minuten den Höhenunterschied von 120 Metern überwindet; oben gibt's neben See- und Gipfelblick eine Modelleisenbahn mit den berühmten Bergbahnen der Jungfrau-Region.

✱Harder und Augstmatthorn

Eine noch umfassendere Aussicht bietet der nördlich von Interlaken gelegene Harder (1306 m), der mit einer Drahtseilbahn erreichbar ist. Von oben hat man einen kontrastreichen Rundblick sowie schöne Blicke auf das Bödeli und die beiden großen Oberländer Seen. An der Nordspitze des Brienzer Sees sieht man * **Bönigen,** die östliche Nachbargemeinde von Interlaken, die einen weitgehend unversehrten Dorfkern mit Holzblockbauten aus dem 16. bis 19. Jh. besitzt. Gut erkennbar ist zudem **Iseltwald,** die einzige Siedlung am Südufer des Sees. Vom Harder führt ein markierter Kammweg in etwa 3 Std. über die Roteflue zum **Augstmatthorn** (2137 m; Steinwildkolonie).

Zum Niederhorn

Nördlich vom Harderrücken, im Tal des Lombachs, liegt **Habkern** (1067 m; 600 Einw.), 8 km von Interlaken. Ein Höhenweg (2,5 Std.) mit schöner Aussicht führt westlich über Waldegg (1232 m) nach * **Beatenberg** (1150 m). Romantiker geraten bei dem wunderschönen Blick von der Terrassenlage hoch über dem steilen Nordufer des Thuner Sees aufs Wasser sicher ins Schwärmen. Ein Sessellift erschließt das Wanderrevier am **Güggisgrat,** wo eine Steinbock-Kolonie beheimatet ist. Von der Bergstation knapp unterhalb des **Niederhorns** (1950 m) genießt man einen prächtigen Blick auf den Thuner See und die vergletscherten Gipfel der Berner Alpen.

 Verkehrsbüro, CH-3803 Beatenberg, ☎ 033/841 12 86, 🖷 841 13 35.

Saxetental und Morgenberghorn

Beim Nachbarort *Wilderswil* öffnet sich von Südwesten das **Saxetental,** ein attraktives Wanderrevier. Auf schmaler Straße (6 km) fährt man bis *Saxeten* (1103 m; 120 Einw.), von dort gelangt man auf einem markierten Weg (3 Std.) zum schönen Aussichtsgipfel **Morgenberghorn** (2249 m).

 Alpenrose, CH-3813 Saxeten, ☎ 033/822 18 34, 🖷 822 18 63. Hundertjähriges Chalet. Viel Ruhe und gute Küche. Der Sonnenaufgang ist himmlisch. Ⓢ

Seite 58

3

Die erste Adresse in Interlaken: das „Victoria-Jungfrau"

Alles für den Gast! Ankunft am Bahnhof Interlaken

Den Blick auf die Jungfrau gibt's umsonst (bei schönem Wetter)

* Schynige Platte und * Faulhorn

Die * **Schynige Platte** (1967 m), einer der bekanntesten Aussichtspunkte der Region, ist mit der 1893 eröffneten Zahnradbahn bequem erreichbar: in knapp einer Stunde von *Wilderswil*, im Sommer auch mit Dampf und offenem Oldtimerwagen. Im 1967 m hoch gelegenen *Alpengarten Schynige Platte* sind über 500 verschiedene Alpenpflanzen zu sehen. Einigen von ihnen begegnet mit Sicherheit, wer die beliebte, knapp sechsstündige Tour über das * **Faulhorn** (2681 m) zur *First* (2168 m) unternimmt.

Alpenblick, Oberdorf, CH-3812 Wildersil, ☎ 033/822 07 07, 🖷 822 80 07. Wer die ruhigere Nachbarschaft von Interlaken vorzieht, ist hier bestimmt richtig. Komfortable Zimmer, die stets marktfrische Küche lässt kaum Wünsche offen. Ⓢ

Am Brienzer See entlang

Bis vor 20 000 Jahren bildeten Thuner und Brienzer See ein einziges großes Seebecken. Erst die Transportarbeit von Lütschine und Lombach, die jährlich etwa 100 000 m³ Geschiebe anlieferten, führte schließlich zur Teilung des fast 50 km langen Sees. Der Brienzer See hat eine Länge von knapp 14 km, seine größte Breite beträgt 2,5 km, seine maximale Tiefe übertrifft mit 260 m jene des Thuner Sees. Bis auf Iseltwald liegen alle Siedlungen am sonnigen Nordufer, dem auch die Straße folgt.

Ringgenberg

Kurz vor Ringgenberg (602 m; 2000 Einw.), 59 km, erhebt sich der romanische Turm der ehemaligen Pfarrkirche von Goldswil. Im 17. Jh. entschlossen sich die Bewohner zu einem Neubau, und zwar auf dem Areal der ehemaligen Burg Ringgenberg – ein recht ungewöhnlicher Standort, doch bilden die Ruinen der mittelalterlichen Feste und das barocke Gotteshaus eine malerische Silhouette.

Schynige Platte

Sonnenaufgang von der Schynigen Platte oder gleich im Berggasthaus Faulhorn übernachten? Beides ist möglich, um 5.40 Uhr fährt ein Frühzug, und wer rechtzeitig reserviert, bekommt im 1832 erbauten Gipfelgasthaus auch noch ein Zimmer (Ⓢ; ☎ 033/853 27 13).

Brienz

Das größte Dorf am See (566 m; 3100 Einw.), 71 km, ist ein beliebter Ferienort. Bereits im 18. und 19. Jh. kamen so prominente Besucher wie Goethe, Lord Byron und Ludwig Uhland hierher. Alter Baubestand findet sich vor allem im sog. Aenderdorf, überwiegend aus dem 19. Jh. stammende Blockbauten, deren Fassaden mit Schnitzfriesen verziert sind. Bereits Anfang des 19. Jhs. begannen die Brienzer Souvenirs für die Alpentouristen zu schnitzen. 1884 wurde schließlich die Kantonale Holzschnitzschule gegründet.

Das angeschlossene **Schnitzlermuseum** gibt einen Überblick über die Geschichte des lokalen Kunsthandwerks (🕐 Mo–Fr 8–11,14–17 Uhr). Alljährlich vom 5. Juli bis 10. August (ab 12 Uhr) kann man den Holzschnitzern auf dem Brienzer Quai bei der Arbeit zusehen.

Tourismusverein Brienz–Axalp, Hauptstraße 143, CH-3855 Brienz, ☎ 033/952 80 80, 🖷 952 80 88, E-Mail: info.brienz@brienz.com.

Brienzerburli, ☎ 951 12 41, 🖷 951 38 41. Familienhotel mitten im Dorf, direkter Zugang zur Seepromenade; regionaltypische Küche. Die hoteleigene Konditorei produziert süße Träume. Ⓢ
Lindenhof, ☎ 951 10 72, 🖷 951 40 72. Familiäres Haus im Oberländer Chaletstil, herrliche Aussicht auf den See, Hallenbad. Ⓢ

Ausflüge von Brienz

* Brienzer Rothorn und Brünigpass

Eisenbahn-Nostalgiker sollten sich die Fahrt mit der letzten dampfbetriebenen Bergbahn zum * **Brienzer Rothorn** (2350 m), Hausberg und einer der lohnendsten Aussichtspunkte des Berner Oberlands, nicht entgehen lassen: Schnaufend und zischend zuckelt der Zug im Zeitlupentempo bergwärts. Pläne, die über 100 Jahre alte Strecke zu modernisieren, scheiterten am Geldmangel – so hat Brienz eine echte Attraktion. Die Brienzer-Rothorn-Bahn verkehrt – je nach Schneelage – von Anfang Juni bis Mitte Oktober. Von der Bergstation steigt man auf einem bequemen Weg in gut 15 Minuten zum Gipfel mit großartigem Blick auf die Berner Hochalpen. Eine beliebte Höhenwanderung führt vom Brienzer Rothorn östlich zum **Brünigpass** (1008 m; knapp 5 Std.). Sie vermittelt eine kaum abreißende Folge von Ausblicken auf die Vierwaldstätter und Berner Alpen, ins Haslital und auf den Brienzer See.

* Giessbachfälle

Über dem Südufer des Sees stürzen die Giessbachfälle rund 400 m in 14 Stufen in den See. Zu den Fällen kommt man vom „Schnitzlerdorf" Brienz mit Schiff und Standseilbahn oder auf einer recht kurvenreichen Straße, die sich bis in das 13 km entfernte Wander- und Skigebiet *Axalp* fortsetzt.

 Grandhotel Giessbach, Giessbach, CH-3855 Brienz, ☎ 033/951 35 35, 🖷 951 37 07. Historisches Grandhotel in herrlicher Lage, stilgerecht renoviert, mit großem Garten und Schwimmbad. Traumhaft schöne Zimmer und eine hervorragende Küche (zwei Restaurants). Ⓢ〉

Typisch für Brienz: viel Schnitzwerk an den Hausfassaden

Am Brienzer See

Die einzige dampfgetriebene Bergbahn der Schweiz führt aufs Brienzer Rothorn

*Freilichtmuseum Ballenberg

Wenige Kilometer östlich von Brienz lädt das Freilichtmuseum (731 m) zu einem Spaziergang durch die bäuerliche Kultur der Schweiz ein. Auf dem ausgedehnten Gelände stehen 80 historische Bauten aus nahezu allen Kantonen. Zudem kann man eine Käserei, eine alte Schmiede und einen historischen Friseursalon besichtigen. Man bekommt einen ausgezeichneten Einblick ins traditionelle Handwerk und in die Arbeitsweisen der Landwirtschaft früherer Jahrhunderte. Korbmacher, Bäcker, Weberinnen und Töpfer zeigen ihre Fertigkeiten.

In den Bauerngärten sowie auf den Wiesen und Feldern werden einheimische Blumen, Pflanzen und Getreidesorten gepflegt. Es gibt vier Restaurants, Feuerstellen und Picknickplätze (◯ Mitte April bis Ende Okt. tgl. 10–17 Uhr; Eingänge bei Hofstetten und Brienzwiler).

Über den Brünig nach Meiringen

Von Brienz kann man direkt nach Meiringen weiterfahren. Bei gutem Wetter lohnt sich aber der kleine Umweg zum **Brünigpass** (1008 m). Die Passhöhe wird zwar lediglich tangiert, doch hat man auf der Berg- und Talfahrt hübsche Ausblicke auf den Brienzer See und ins Haslital. In *Brünig* (853 m), einem Weiler auf dem kleinen Plateau unterhalb der Scheitelhöhe, verdient die Kristallausstellung einen Besuch (◯ Juni bis Sept. Mo–Sa 14–17 Uhr).

Meiringen

Der Ort (595 m; 2800 Einw.), 84 km, ist – wer weiß das schon? – weltberühmt und noch „süß" dazu, aber nicht wegen seiner zugegebenermaßen hübschen Lage. Glaubhaften Quellen zufolge kreierte hier ein Konditor namens Gasparini um 1600 das luftige, mit viel Sahne garnierte Eiweißgebilde, ein wunderbar schmeckendes Dessert, das unter dem Namen Meringue, Baiser oder Kiss seinen Siegeszug um die halbe Welt antrat.

Die Geschichte des Ortes hat natürlich viel ältere Wurzeln, was schon die Kirche, bis 1476 einziges Gotteshaus im Haslital, belegt. Bei Ausgrabungen wurden die Fundamente von Vorgängeranlagen entdeckt, die bis ins 10. Jh. zurückreichen; der bestehende Barockbau entstand 1684. Historische Bauten sucht man in dem Städtchen weitgehend vergebens. Dafür sorgte der Föhn, der 1879 bzw. 1891 für zwei verheerende Brandkatastrophen verantwortlich war.

Meiringen-Haslital Tourismus, CH-3860 Meiringen, ☎ 033/972 50 50, 🖷 972 50 55, Internet: www.meiringenhasliberg.ch.

Parkhotel du Sauvage, Bahnhofstraße 30, ☎ 033/971 41 41, 🖷 971 43 00. Jugendstilhotel mitten im Ort, im Sommer Kinderbetreuung und „Mystery Weekends" (Sherlock Holmes). Ⓢ
Hotel Brunner, ☎ 033/971 14 23, 🖷 971 31 98. Kleines Familienhotel mit gemütlicher Atmosphäre. Ⓢ

Landgasthof Hirschen, ☎ 033/971 18 12. Gemütlicher Landgasthof mit typisch Schweizer Küche zu soliden Preisen. Ⓢ

Für Hobbydetektive

Meiringen hat eine echte Attraktion zu bieten – das Sherlock-Holmes-Museum im Dorfzentrum. Dort erfährt man viel Wissenswertes über den berühmten Detektiv und seinen Erfinder (◯ Mai bis Sept. Di–So 15–18 Uhr, Okt. bis April Mi–So 15–18 Uhr).

Ausflüge von Meiningen

* Aareschlucht

Die ca. 1,4 km lange und fast 200 m
tiefe wildromantische Klamm, die von
den Wassern der Aare in Jahrtausenden
aus dem Felsriegel des Kirchet (786 m)
gegraben wurde und an der engsten
Stelle kaum mehr als ein paar Meter
breit ist, kann man auf einem Steig be-
gehen (© April bis Okt. zugänglich, im
Juli/Aug. Mi und Fr ab 21 Uhr mit Be-
leuchtung).

Reichenbachfall

Bei Meiringen öffnet sich von Süden
das Tal des Reichenbachs, eine alpine
Bilderbuchlandschaft, eingebettet zwischen Schwarzhorn (2928 m), Wellhorn
(3192 m) und den Engelhörnern
(2855 m), die zu den bekanntesten
Kletterzacken des Oberlands gehören.
Am Taleingang stürzt der etwa 100 m
hohe Reichenbachfall tosend über eine
Felsstufe herab. Bei der Bergstation
(bequem per Standseilbahn errreichbar)
stößt man auf die Gedenktafel für Sir
Arthur Conan Doyle, den Autor von
Sherlock Holmes, der öfters in Meiringen weilte. In Doyles Erzählung „The
Final Problem" stürzt der Held den Fall
hinunter und verschwindet spurlos.

* Gletscherschlucht Rosenlaui

Eine passende Kulisse zu dem dramati-
schen Geschehen hätte gewiss auch die
Rosenlauischlucht abgegeben. Ein gut
gesicherter Steig führt in die wildromantische Klamm (© Mai bis Okt.).

Schwarzwaldalp und Große Scheidegg

Talaufwärts kann man bis zur
Schwarzwaldalp (1454 m; 12 km ab
Meiringen) fahren. Wer noch weiter
möchte, ist auf den Postbus oder
Schusters Rappen angewiesen. In
knapp 2 Stunden steigt man hinauf zur
Großen Scheidegg (1962 m). Auf der
Passhöhe erwartet Sie ein traumhafter
Blick auf das Grindelwalder Talbecken,
über dem der Eiger (3970 m) aufragt.

Naturschauspiel Giessbachfälle

Seite 58

3

*Bauernhäuser aus allen Teilen
der Schweiz stehen im Freilichtmuseum Ballenberg*

Grandios: die Aareschlucht

Route 4

Drei Pässe und hundert Serpentinen

Innertkirchen – ** Grimselpass – * Furkapass – ** Sustenpass – Innertkirchen (126 km)

Absoluter Hit unter den Schweizer Passrouten ist die Rundfahrt über Grimsel, Furka und Susten: drei Passstraßen, die in hochalpine Regionen führen, jede Menge Kurven und eine ununterbrochene Folge wunderschöner Landschaftsbilder bieten. Man denke nur an den fjordartig zwischen steile Bergflanken eingebetteten Grimselsee, an den Blick von der Grimsel-Südrampe auf Rhonegletscher und Furka oder die schauerlich-wilde Schöllenen-Schlucht bei Andermatt. Doch vor allem an den Wochenenden und zu den Hauptreisezeiten tummeln sich allzu viele Wagen auf dem kurvenreichen Asphaltband. Wer sich Stau und Abgaswolken ersparen möchte, muss ins Postauto umsteigen. Da fährt man entspannter, kann die Aussicht genießen, und der melodische Dreiklang des Posthorns sorgt nicht nur für freie Fahrt, er vermittelt auch ein nostalgisches Reisegefühl. Unterwegs bieten sich immer wieder Gelegenheiten zu schönen Bergwanderungen, deshalb sollten Sie ruhig eine Übernachtung einplanen.

Der Ausgangspunkt ist **Innertkirchen** (622 m; 1000 Einw.), wo die Anstiege zu Susten und Grimsel, durch das Gadmer- bzw. Haslital beginnen. Von Süden mündet das *Urbachtal* (838 m; 4 km), eingebettet zwischen Engelhörnern und Ritzlihorn und von einem Kranz stark vergletscherter Dreitausender abgeschlossen (Fußweg zur herrlich gelegenen Gaulihütte, 5 Std.).

Tännler, Wyler, CH-3862 Innertkirchen, ☎ 033/971 14 27, 🖷 971 14 47. Herrliche Lage, behaglich eingerichtete Zimmer und deftige Hausmannskost. Ⓢ

Über die Grimsel

Erste Station an der 1895 eröffneten Grimselstraße ist **Guttannen** (1057 m; 400 Einw.), 15 km. Der Ortsnamen erklärt sich von allein, wenn man zum Ritzlihorn (3282 m) oder zum Steinhaushorn (3121 m) hinaufschaut, aus deren Steilflanken mächtige Lawinenzüge, „Laui" genannt, herabziehen. Schutzwald sichert hier das Überleben. Dass die Hochgebirgswelt nicht nur Gefahr bedeutet, sondern auch verborgene Schätze aufweist, davon kann man sich im * *Kristallmuseum Guttannen* überzeugen. Es zeigt eine Vielzahl wunderschöner Mineralien, vor allem natürlich Kristalle, aus dem Haslital und anderen Fundstätten des Landes (☉ Juni bis Sept. Mo–Fr 8–17 Uhr).

Alter Grimselweg

Von Innertkirchen nach Guttannen kann man auch wandern, auf dem alten, teilweise rekonstruierten Saumpfad, 2 Std. Zurück fährt man mit dem Postbus.

Das Aarmassiv gehört zu den klassischen Mineralienfundgebieten im Alpenraum. Vor allem Bergkristalle sind häufig, die Vorkommen mitunter enorm. So fand man 1719 am Zinggenstock über 50 t verwertbares Material.

Entstanden sind diese Mineralien vor Jahrmillionen in sog. Zerrklüften im Bergesinnern als Ergebnis chemischer Prozesse unter extremem Druck und hoher Temperatur. Führungen werden in der Kristallgruft Gerstenegg veranstaltet (Mitte Juni bis Mitte Okt.; Auskunft und Anmeldung beim Verkehrsverein Meiringen, ☎ 033/972 50 50).

4

Seite 71

Bei der Weiterfahrt trifft man schon bald auf das Kraftwerk *Handegg* (1310 m); es erinnert daran, dass die Berge nicht nur vom Tourismus, sondern auch von der Energiewirtschaft genutzt werden. Neben Atomstrom ist die „weiße Kohle" genannte Wasserkraft nach wie vor unverzichtbar für die Energieversorgung des Landes.

Erster Schnee am Grimselpass, Nebel über dem Haslital

Dem *Handeggfall,* der ein kleines Stück oberhalb der Kraftwerkszentrale durch eine Felsrinne herabstiebt, raubt die behördlich verordnete „Restwassermenge" einen großen Teil seiner ursprünglichen Wirkung.

** Grimselsee

Auf den letzten Serpentinen zum Pass entfaltet der See (1909 m), 29 km, seine ganze Schönheit: Ein Fjord im Hochgebirge, nur das Meer fehlt, dafür speist ihn ein gewaltiges Gletschersystem,

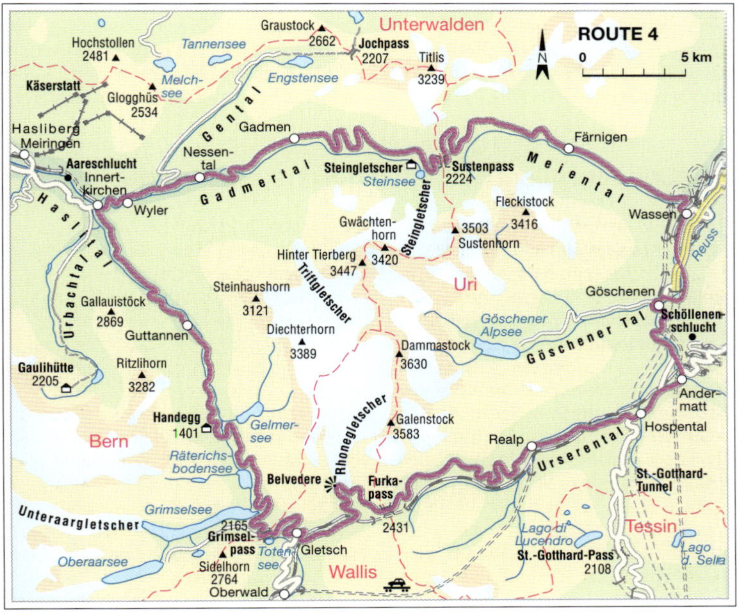

Transparent und sechseckig sind Bergkristalle

4

Seite
71

ROUTE 4

0   5 km

Unterwalden

Hochstollen 2481
Tannensee
Graustock 2662
Jochpass 2207
Titlis 3239

Käserstatt
Melch-see
Glogghüs 2534
Engstensee

Hasliberg
Meiringen
Gental
Gadmen
Färnigen

Aareschlucht
Nessental
Gadmertal
Steingletscher
Steinsee
Sustenpass 2224
Meiental

Innertkirchen
Wyler
Steingletscher
Fleckistock
Wassen

Gwächtenhorn
3503 3416
Sustenhorn

Hinter Tierberg 3447
3420
Uri

Haslital
Urbachtal
Steinhaushorn 3121
Triftgletscher

Gallauistöck 2869
Diechterhorn 3389
Dammastock 3630
Göschener Alpsee
Göschenen

Guttannen
Göschener Tal
Schöllenenschlucht

Gaulihütte 2205
Ritzlihorn 3282

Handegg 1401
Gelmersee
Rhonegletscher
Galenstock 3583
Andermatt

Bern
Räterichsbodensee
Realp
Hospental

Unteraargletscher
Belvedere
Furkapass
Urserental
St.-Gotthard-Tunnel

Grimselsee
2165
2431

Oberaarsee
Grimselpass
Sidelhorn 2764
Totensee
Gletsch
Lago di Lucendro
Tessin

Oberwald
Wallis
St.-Gotthard-Pass 2108
Lago d. Sella

über dem einige der höchsten Gipfel der Berner Alpen aufragen (Lauteraarhorn, 4042 m; Finsteraarhorn, 4274 m).

** Grimselpass und * Oberaarsee

Noch eindrucksvoller erlebt man diese grandiose Szenerie von dem Sträßchen (Verkehr zeitlich geregelt), das unmittelbar am ** **Grimselpass** (2165 m), 33 km, rechts zum * **Oberaarsee** (2303 m; 6 km) abzweigt. Packend auch die Kulisse dieses höher gelegenen Speicherbeckens, in dessen Wasser meist ein paar Eisbrocken des Oberaargletschers schwimmen.

Sidelhorn

Ein großartiges Panorama erlebt man am Sidelhorn (2764 m), das vom Grimselpass in 2 Stunden, vom Oberaar-Sträßchen in 1,5 Stunden ohne größere Schwierigkeiten bestiegen werden kann.

Seite 71

Tipp Unterhaltsam sind sicher auch die in der Umgebung des Passes möglichen Canyoningtouren mit Naturrutschbahnen, bis zu 50 m hohen Abseilstellen und wilden Sprüngen in das glasklare Gletscherwasser der Aare (Infos bei **Alpin Raft,** 3800 Interlaken, ☏ 033/823 41 00).

Grimsel Hospiz, Am Grimselpass, CH-3864 Guttannen, ☏ 033/982 66 21, Fax 982 26 05. Mit seinen dicken Mauern trotzt das Hospiz jedem Wetter; und wenn draußen ein eisiger Wind heult, ist es vor dem Kamin der Arvenstube so richtig gemütlich. Gutbürgerliche Küche. ($)

* Rhonegletscher und * Furka

Wunderbare Landschaftseindrücke genießt man auf der anschließenden Talfahrt, vor allem wenn der gewaltige Eiskatarakt des * **Rhonegletschers** ins Blickfeld kommt, dazu die kühne Trasse der Furkastraße, die unmittelbar an den Eisstrom heranführt. Noch zu Beginn des 19. Jhs. reichte die Gletscherzunge bis in den flachen Talboden von **Gletsch** (1757 m), 39 km, hinab, wo man die Scheitelstrecke der alten Furkabahn kreuzt. Eisbahnfreunde haben die Trasse, die nach dem Bau des Basistunnels stillgelegt worden war, mit viel Engagement reaktiviert. Zwei originale Dampfloks, die 1947 über Frankreich nach Vietnam gelangt waren, holte man aus Fernost zurück. Seit 1992 ver-

Naturschutz contra Energiegewinnung an der Grimsel

Wenn es um die Frage Naturschutz oder Energiegewinnung geht, scheiden sich die Geister, und Konflikte sind vorprogrammiert. So verhält es sich auch am Grimselpass, dessen Stausee mit dem festungsähnlichen Hospiz zu den klassischen Motiven der Schweizer Alpen gehört. Doch den Chefs der Energiekonzerne in Bern reicht der alte Grimsel-Stausee nicht. Die Kraftwerke Oberhasli sollen mehr Energie liefern; dazu müsste das Volumen des Speichers vergrößert und folglich die Betonmauer aufgestockt werden. Das Projekt spaltet auch die Talbewohner – auf der einen Seite wiegen die Arbeitsplätze (auf Zeit), auf der anderen die Erhaltung einer Moorlandschaft und eines prächtigen Arvenbestandes. Entschieden ist noch nichts, obwohl mit der sogenannten Rothenthurm-Abstimmung im Jahr 1987 der Schutz der Moore in der Verfassung verankert wurde. Es ist aber berechtigt, zu hoffen, siegt in der demokratischen Schweiz doch gelegentlich David gegen Goliath – oder die Vernunft über den Mammon. Eine Vorentscheidung der Regierung lässt alle Möglichkeiten offen; die Notwendigkeit eines Ausbaus sei auf absehbare Zeit nicht gegeben, hieß es aus Bern ...

kehren sie auf der Ostrampe; nach der Jahrtausendwende soll die gesamte Strecke Realp – Gletsch – Oberwald wieder in Betrieb gehen. Die Bahn unterfährt den Pass in einem knapp 2 km langen Tunnel, während sich die Straße in einigen Serpentinen zum *Belvedere* (2272 m) hinauf windet. Hier hält nicht nur das Postauto; fast jeder möchte einen Blick auf den Rhonegletscher und die Eisgrotte werfen.

Die Scheitelhöhe der * **Furka** (2431 m), 49 km, gewährt Aussicht auf die Gipfel des Obergoms und in das breite Trogtal des *Urseren,* dessen Sohle man nach zuletzt kurvenreicher Fahrt bei Realp (1540 m) erreicht.

Die Zunge des Rhonegletschers reichte einst bis Gletsch

Zur * Schöllenen–Schlucht

Das Bergdorf **Andermatt** (1447 m; 1400 Einw.), 70 km, am Fuß des St. Gotthard liegt im Herzen der Schweizer Alpen. Im Sommer suchen Wanderfreunde den Ferienort auf, von November bis April ist das als „Schneeloch" bekannte Dorf ein stark frequentierter Wintersportort. Wichtigster Wirtschaftsfaktor neben dem Tourismus ist die Milizarmee, die ganzjährig präsent ist, weswegen Andermatt gelegentlich auch Kasernendorf genannt wird. Sogar die Natur fordert zum Angriff heraus, versperrt doch die wilde * **Schöllenen–Schlucht** von Norden den Zugang zu den Quelltälern der Reuss. Sie war von jeher das Haupthindernis am Weg zum Gotthard; erst nach ihrer Öffnung im 13. Jh. gewann der Urserenberg Bedeutung als Alpenübergang.

Auf der Furkabahnlinie verkehren wieder die alten Dampfloks

Die Schöllenen-Passage verlangte gute Nerven; vor allem beim Anblick der „Stiebenden Brücke", eines mit Ketten an der Felswand befestigten Holzstegs über dem gischtenden Wasser der Reuss, dürfte schon manch einer vorsorglich ein Stoßgebet zum Himmel gesandt haben. Ein 64 m langer Tunnel, das Urner Loch, 1707 von dem Tessiner Festungsbaumeister Pietro Moretti aus dem Granit gesprengt, ersetzte das wackelige Bauwerk. Seit kurzem kom-

Beliebte Einkehr an der Sustenstraße: das Hotel „Steingletscher"

4

Seite 71

men Drahtseilfans wieder auf ihre Kosten. Ein neuer, kühn angelegter Klettersteig führt aus der Schlucht steil über die Felsen hinauf zu einer Aussichtskanzel über dem Urserental.

Verkehrsverein, Gotthardstraße 2, CH-6490 Andermatt, ☎ 041/887 14 54, 🖷 887 01 85.

Ins * Göschener Tal

Heute fährt man auf gut ausgebauter Straße durch die Schlucht, vorbei am *Suworow-Denkmal,* das an den unglücklichen Alpenfeldzug des russischen Generals während der Napoleonischen Kriege erinnert, vorbei auch an der berühmten *Teufelsbrücke.*

Bei **Göschenen** (1106 m; 700 Einw.), 76 km, mündet von Westen das landschaftlich reizvolle * **Göschener Tal,** das von der Fels- und Eisbarriere des Winterbergmassivs (Dammastock, 3630 m) effektvoll abgeschlossen wird. Wanderer wie Alpinisten finden hier ein ideales Revier. Keine Augenweide stellt Göschenen selbst dar, das unmittelbar am Nordeingang der beiden Gotthardtunnel liegt: dem 15 km langen, über hundert Jahre alten Eisenbahntunnel und dem 1980 eröffneten, 16,3 km langen Straßentunnel.

Noch heute erweckt die Trassenführung der Gotthardbahn – von Anfang an zweispurig geplant – Bewunderung. Wenn das Nadelöhr auf der Autobahn wieder einmal verstopft ist, haben die im Stau Stehenden ausreichend Gelegenheit das technische Meisterwerk zu betrachten.

Die Sustenstrecke

Bereits aus der Ferne sieht man die hübsch auf einer Anhöhe thronende Kirche von *Wassen* (916 m), 81 km. Mitten in Ort zweigt die 1939–1946 von Kriegsinternierten erbaute, 18 km lange *Susten-Passstraße* ab. Durch das offene, von hohen Bergketten überrag-

te Meiental steigt sie 1300 Höhenmeter, zuletzt in zwei Serpentinen, hinauf zum Ostportal des 325 m langen Scheiteltunnels (2224 m) am ** **Sustenpass** (2259 m), 99 km, über den die Grenze zwischen den Kantonen Uri und Bern verläuft. Der eher monotonen Bergfahrt von Wassen zum Sustenpass folgt nun der schönste Streckenabschnitt: die kurvenreiche, teilweise kühn trassierte westliche Passrampe hinab nach Gadmen. Dabei eröffnen sich herrliche Ausblicke auf den stark vergletscherten Gipfelkranz um den Vorderen und Hinteren Tierberg (3447 m), Gwächtenhorn (3420 m) und Sustenhorn (3503 m). In der Tiefe liegt der milchiggrüne *Steinsee* (1934 m).

Gletscherlehrpfad

Viel Wissenswertes über das Werden der Gletscher und ihr "Leben" vermittelt der Gletscherlehrpfad Steinalp (3 Std., Infoschrift im Hotel Steingletscher; ☎ 033/975 12 22).

Ab **Gadmen** (1205 m; 350 Einw.), 114 km, wird die Szenerie freundlicher.

Tipp Wer Lust auf einen kleinen Abstecher hat, um eine Pause einzulegen oder eine Bergwanderung zu machen, kann unterhalb von *Nessental* (925 m) auf die gebührenpflichtige Zufahrt ins malerische * **Gental** einbiegen. Nach 13 km Fahrt erreicht man den **Engstlensee** (1850 m), der auch Ausgangspunkt für die relativ leichte Höhenwanderung über den **Jochpass** (2207 m; Berghaus) ins Klosterdorf Engelberg ist (4 Std.).

Über *Wyler* (737 m) geht's mit schönen Ausblicken auf die zerklüfteten Engelhörner (2855 m) hinab nach *Innertkirchen* (622 m), 126 km.

Die Sustenstraße führt durch das stille, von Dreitausendern umrahmte Meiental hinauf zur Passhöhe

Route 5

Zu den Eisriesen des Oberlandes

*Interlaken – *Wengen –
**Jungfraujoch – **Grindelwald –
*Interlaken (69 Bahn-km)

„Kein Gebilde der Natur, das ich sah, ist vergleichbar mit der Erhabenheit jener überwältigenden Bergmauer, die, scheinbar in der Luft schwebend, sich dem entzückten Auge in Lauterbrunnen und Grindelwald zeigt." So euphorisch schilderte der englische Alpenpionier Sir Leslie Stephen (1871) seinen Eindruck vom Dreigestirn Eiger (3970 m), Mönch (4107 m) und Jungfrau (4158 m). Die weltberühmten Bergriesen sind aber nicht die einzigen Highlights dieser Tour. Über 70 tosende Wasserfälle, darunter die spektakulären Staubbach- und Trümmelfallbachfälle; Mürren und Wengen, zwei wunderschön gelegene autofreie Ortschaften, Bergbahnen zum Schilthorn und zum Jungfraujoch, dem höchstgelegenen Bahnhof Europas, und schöne Bergwanderungen machen diese Fahrt zu einem besonderen Erlebnis. Deshalb sollten Sie für die Rundreise zwei Tage einplanen. Da sich ein Besuch der Täler, Ortschaften, Pässe und Aussichtspunkte rund um die Lütschinentäler sehr gut mit der Bahn durchführen lässt, empfiehlt es sich, das eigene Fahrzeug in Interlaken abzustellen.

Lauterbrunnen und Isenflüh

Südlich von *Zweilütschinen* (654 m), 8 km ab *Interlaken (s. S. 63), öffnet sich eine alpine Bilderbuchlandschaft: das vom Eis trogförmig ausgehobelte Tal von **Lauterbrunnen** (796 m;

1000 Einw.), 12 km, darüber die sonnigen Terrassen von Mürren und Wengen, im Hintergrund vergletscherte Dreitausender. Die Attraktion des Tals sind ca. 70 Wasserfälle („lauter Brunnen"), die über senkrechte Felsabbrüche herabgischten. Am bekanntesten ist der *Staubbachfall am Dorfrand, der Goethe zu seinem „Gesang der Geister über den Wassern" inspiriert haben soll. Spektakulär stürzt er fast 300 m in die Tiefe.

**Trümmelbachfälle

Wenige Kilometer von Lauterbrunnen tosen die Trümmelbachfälle über zehn Kaskaden durch eine wilde Klamm hinab. Auf einem gesicherten Steig kann man dieses Naturwunder bestaunen (☼ Mitte April bis Ende Okt. tgl. 9–17 Uhr).

Verkehrsbüro,
CH-3822 Lauterbrunnen,
☎ 033/855 19 55,
📠 855 36 04.

Silberhorn, ☎ 855 14 71,
📠 855 42 13.
Familienfreundliches Hotel mit Garten, zentral und dennoch ruhig gelegen. Schonkost. $

Die übrigen Ausflugsziele von Lauterbrunnen liegen sind fast durchwegs per Bahn erreichbar. Eine Ausnahme macht **Isenfluh** (1081 m), das nur eine Straßenzufahrt besitzt. In 3,5 bzw. 4,5 Stunden besteigt man von dem Dörfchen die beiden schönsten Aussichtspunkte über dem malerischen Saustal, das *Sulegg* (2413 m) und die *Schwalmere* (2777 m).

**Mürren und Umgebung

In Lauterbrunnen nimmt man die Standseilbahn, die am westlichen Talhang zur *Gütschalp* (1486 m) hinaufführt, und steigt dort in den Zug nach

Mürren (1638 m; 320 Einw.) um. Während der kurzen Fahrt kann man das unvergleichliche Panorama des altbekannten Ferienortes genießen, vom Eiger (3970 m) im Osten bis zum Tschingelhorn (3576 m) und zum Gspaltenhorn (3436 m) im Südosten, eine gigantische Szenerie aus Eis und Fels. Mürren ist ein kleines, gänzlich autofreies Dorf auf einer sonnigen Höhenterrasse über dem Tal der Weißen Lütschine. Empfehlenswert ist ein Besuch im *Alpinen Skisport- und Ballonmuseum,* wo man Interessantes über die Entwicklung des Wintersports im Berner Oberland erfährt und über Heißluftballonfahrten, eine besonders attraktive Art, die faszinierende Hochgebirgslandschaft zu erleben (🕓 Mitte Juni bis Ende Okt., Mitte Dez. bis Mitte April tgl. 16–18 Uhr, Do bis 20.30 Uhr).

i **Verkehrsbüro,** CH-3825 Mürren, ☏ 033/856 86 86, FAX 856 86 96, E-Mail: info@muerren.ch.

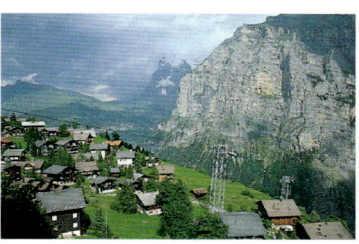

Auto- und stressfrei: Mürren

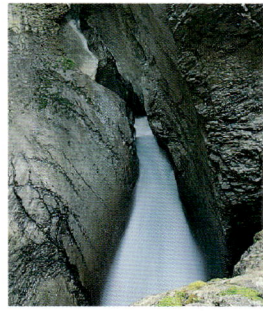

Der Trümmelbachfall

5

Seite 77

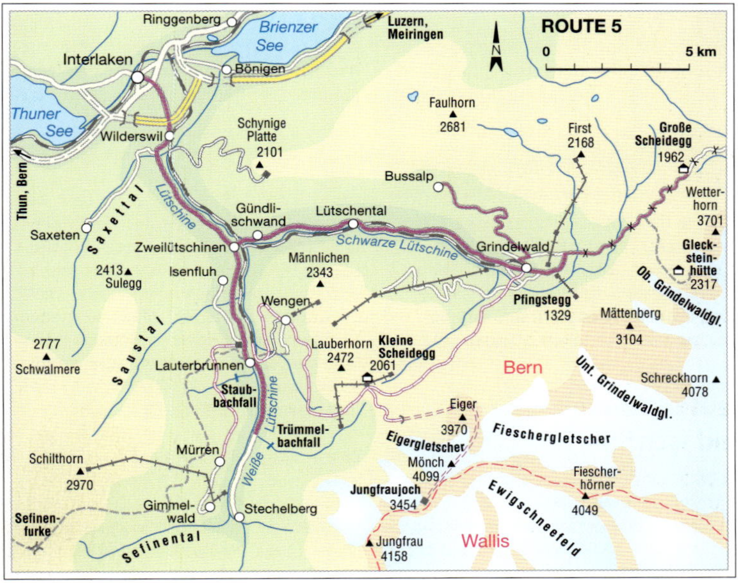
ROUTE 5
0
5 km
N
Ringgenberg
Brienzer See
Luzern, Meiringen
Interlaken
Bönigen
Thuner See
Wilderswil
Schynige Platte 2101
Faulhorn 2681
First 2168
Große Scheidegg 1962
Thun, Bern
Bussalp
Wetterhorn 3701
Saxeten
Saxettal
Lütschine
Gündlischwand
Lütschental
Schwarze Lütschine
Grindelwald
Gleckstein-hütte 2317
Zweilütschinen
Männlichen 2343
2413 Sulegg
Isenfluh
Pfingstegg 1329
Ob. Grindelwaldgl.
Wengen
Mättenberg 3104
Saustal
2777 Schwalmere
Lauberhorn 2472
Kleine Scheidegg 2061
Lauterbrunnen
Bern
Unt. Grindelwaldgl.
Schreckhorn 4078
Staubbachfall
Lütschine
Eiger 3970
Trümmelbachfall
Fieschergletscher
Eigergletscher
Mürren
Schilthorn 2970
Weiße
Mönch 4099
Fiescherhörner 4049
Jungfraujoch 3454
Gimmelwald
Stechelberg
Sefinenfurke
Ewigschneefeld
Sefinental
Jungfrau 4158
Wallis

Palace, ☎ 855 24 24, 📠 855 24 17. Frisch renoviertes Jugendstilhotel in wunderschöner Lage. Komfortable Zimmer, Hallenbad. Bistro, Café mit Sonnenterrasse. „Peppino" bietet hausgemachte Nudeln und Antipasti. ⑤

Allmendhubel und ** Schilthorn

Besonders schön präsentieren sich die Berner Hochalpen vom **Allmendhubel** (1907 m), zu dem ein betagtes Bähnlein hinaufzuckelt. Mürren ist Zusteigstation der Seilschwebebahn, die von Stechelberg (862 m) am Ende der Lauterbrunner Talstraße in vier Teilstrecken zum ** **Schilthorn** (2970 m) mit dem Drehrestaurant „Piz Gloria" führt. Der höchste Gipfel der Berner Voralpen bietet einen der spektakulärsten Aussichtspunkte, folglich herrscht am Gipfel immer großer Trubel. Ein Spektakel besonderer Art ist hier das jährliche internationale „Inferno-Rennen".

Von * Wengen zum ** Jungfraujoch

Auch * **Wengen** (1274 m; 1300 Einw.), 16 km, ist durch ein Skirennen bekannt: die „Lauberhorn-Abfahrt", einen Klassiker im alpinen Veranstaltungskalender. Wie Mürren ist auch Wengen autofrei und erfreut sich einer prächtigen Terrassenlage mit beeindruckender Kulisse. Eine Gipfelseilbahn schwebt zum *Männlichen* (2343 m), einer wunderbaren Aussichtswarte über dem Zusammenfluss der beiden Lütschinen.

Verkehrsbüro, CH-3823 Wengen, ☎ 033/855 14 14, 📠 855 30 60, E-Mail: information@wengen.com. 🚈 Lauterbrunnen, Kleine Scheidegg-Grindelwald.

Regina, ☎ 855 15 12, 📠 855/15 74. Traditionsreiches Vier-Sterne-Hotel mitten im Ort mit Garten. Gepflegte Küche. ⑤⑤

Hirschen, ☎ 855 15 44, 📠 855/30 44. Gemütliches, kleines Hotel in ruhiger Lage, komfortable Zimmer. Gutbürgerliche Küche, auch Schonkost. ⑤

** Kleine Scheidegg

Von Wengen steigt man in etwa 2,5 Stunden über die Wengernalp (1874 m) hinauf zur Kleinen Scheidegg (2061 m). Die Bahn schafft die rund 850 Meter Höhenunterschied in weniger als einer halben Stunde. Vom Sattel

---

Einfach höllisch!

Eine ganz ungewöhnliche Sportveranstaltung ist alljährlich im Januar das Mürrener „Inferno-Rennen". Das wohl längste und schwierigste Skiabfahrtsrennen der Welt wurde 1924 von ein paar leicht spleenigen Engländern aus der Taufe gehoben. Die Abfahrtsstrecke führt vom Gipfel des Schilthorns, der damals natürlich noch nicht durch eine bequeme Seilbahn erschlossen war, zum 16 km entfernten und rund 2000 m tiefer gelegenen Ziel im Lauterbrunnental. Im Gegensatz zur „Autobahn" drüben am Wengener Lauberhorn wird die Strecke nicht präpariert.

Hier erwarten den Skiläufer Tiefschnee und vereiste Passagen, jede Menge Bäume, Steilhänge, felsige Querungen und sogar Gegenanstiege. Dass es immer wieder zu Stürzen kommt, verwundert da kaum. Selbst Feldmarschall Montgomery – sieggewohnter britischer Haudegen – vollbrachte 1947 im „Kanonenrohr" eine Bauchlandung, bei der Schienbein, Skier und Stöcke zu Bruch gingen. Die Bestzeit liegt mittlerweile bei weniger als einer Viertelstunde, das Gros der wagemutigen Rennläufer quält sich jedoch deutlich länger über die infernalische Strecke.

Seite 77

eröffnet sich eine schöne Aussicht auf die stark vergletscherte Kulisse des innersten Lauterbrunnentals, auf Grindelwald und die Große Scheidegg (1962 m). Blickfang ist natürlich die gigantische Felsflucht der berühmt-berüchtigten **Eiger–Nordwand,** vor einem halben Jahrhundert die Herausforderung für Spitzenalpinisten schlechthin. Ihre Gefährlichkeit liegt weniger in den klettertechnischen Schwierigkeiten als vielmehr in der extremen Steinschlaggefahr und den unberechenbaren Wetterumstürzen.

** Jungfraujoch

Einen Nahblick in die düstere Mauerflucht ermöglicht auch die Fahrt mit der 1912 eröffneten Jungfraubahn hinauf zum Jungfraujoch (3454 m): Genau 9,3 km vom Um- und Zusteigebahnhof auf der Kleinen Scheidegg, davon 7,1 km im Berg verlaufend, überwindet sie mit Steigungen von bis zu 25 % - einen Höhenunterschied von fast 1400 Metern bis zur Station Jungfraujoch.

Im Panorama des Schilthorns stehen die Viertausender Parade

Während der knapp einstündigen Fahrt zum Jungfraujoch sieht man zunächst den Eigergletscher, Mönch und Jungfrau, bei der Zwischenstation Eigerwand (2866 m) darf man einen kurzen Blick in die „Wand der Wände" tun. Ein zweites Fenster (Station *Eismeer,* 3160 m) bietet Aussicht auf die Eisbrüche des Fieschergletschers, auf Schreckhorn (4078 m) und Lauteraarhorn (4042 m). Europas höchstgelegener Bahnhof ist Teil einer kleinen Stadt im und am Berg, zwischen Fels und Eis, mit Gletscher-Restaurant, Souvenirläden, Eispalast und einer ständigen Ausstellung der Meteorologischen Forschungsanstalt. Der Sphinxlift entlässt die höhenschwindligen Touristen in eine grandiose, fast schon arktisch anmutende Szenerie. Faszinierend ist vor allem der riesige **Aletschgletscher.** Zwischen Drei- und Viertau-

Ein Bahnhof im Hochgebirge: die Kleine Scheidegg

Im Reich des ewigen Schnees: am Jungfraujoch

Eiger Trail

Ganz nah an die düster-riesige Nordwand des Eiger heran führt dieser neue Wanderweg: von der Kleinen Scheidegg über die Station Eigergletscher (2320 m) hinab zur Bahnstation Alpiglen, ganz gefahrlos (3 Std.).

sendern fließt der mit Abstand größte – über 20 km lange – Eisstrom mit einer Geschwindigkeit von zwei Zentimetern pro Stunde talwärts.

** Grindelwald und Umgebung

Viele Höhenmeter hinunter geht's zum Bahnhof im Gletscherdorf ** Grindelwald (1034 m; 4000 Einw.), 50 km, dem größten Touristenort der Lütschinentäler. Chalets und Hotels breiten sich am sonnseitigen Hang über der Schwarzen Lütschine aus, vor einer großen Gebirgskulisse, deren Eckpfeiler der Eiger (3970 m) im Süden und das Wetterhorn (3701 m) mit seiner unverkennbaren Stirn im Osten sind. Das *Heimatmuseum* zeigt die Entwicklung Grindelwalds von einer Bergbauerngemeinde zum modernen Ferienzentrum (☉ Juni bis Ende Sept. Di/Do/Sa 15–18 Uhr, So 10.30–12 und 15 bis 18 Uhr).

Eine Grindelwalder Erfindung ist der „Velogemel", ein originelles Fortbewegungsmittel für den Winter, halb Fahrrad, halb Schlitten – der Vorläufer des Skibobs, aber keineswegs etwa ein Anachronismus, begegnet man doch im Gletscherdorf noch heute allenthalben diesen ungewöhnlichen Fahrzeugen. Im Sommer ist man zur Fortbewegung dann weitgehend auf Schusters Rappen angewiesen, aber nicht ausschließlich, denn rund um Grindelwald gibt es mehrere Bergbahnen, die einem die Mühen des Aufstiegs in alpine Höhen abnehmen.

 Verkehrsbüro, CH-3818 Grindelwald, ☎ 033/854 12 12, 📠 854 12 10, E-Mail: touristoffice@grindelwald.ch, Internet: www.grindelwald.ch.

 Interlaken, Kleine Scheidegg-Wengen.

Eiger, ☎ 033/853 21 21, 📠 853 21 01. Familiäres First-Class-Hotel im Ortszentrum. Sauna, Dampfbad, Solarium, Kinderspielzimmer. Spezialitätenrestaurant „Gepsi", im „Memory" Kartoffel- und Käsespezialitäten. ⑤⟩⟩
Herberge Mounty, ☎ 853 11 05, 📠 833/44 84. Action und Spaß werden in dem Hotel am Ortsrand groß geschrieben. Kinder bis 12 Jahre gratis im Zimmer der Eltern. Und das Essen: einfach, aber gut. ⑤

 Fiescherblick, ☎ 033/853 44 53, 📠 853 44 57. Gastliches Haus mit aufmerksamem Service. Für Feinschmecker die erste Adresse in Grindelwald. Neben Delikatessen wie Ochsenschwanzterrine und pilzgefüllter Perlhuhnbrust mit Zitronennudeln gibt es auch vegetarische Gerichte. Restaurant Di geschl. ⑤⟩⟩

Große Scheidegg und Bussalp

Von Grindelwald bestehen Busverbindungen zur *Großen Scheidegg* (1962 m), dem alten Übergang nach Meiringen (s. S. 68), und zur *Bussalp* (1828 m; im Winter Schlittenbahn), also zu den beiden Endpunkten des wohl schönsten * Höhenweges (4,5 Std.) von Grindelwald, der fast durchweg oberhalb der Baumgrenze die sonnigen Hänge quert. Markante Wegstationen sind der stimmungsvolle *Bachalpsee* (2265 m) und die Bergstation der 4,3 km langen Gondelbahn auf die *First* (2168 m). Faszinierend ist der Blick auf die Drei- und Viertausender der Berner Alpen und die mächtigen Eisströme, die zwischen Wetterhorn (3701 m), Mättenberg (3104 m) und Eiger (3970 m) zu Tal ziehen.

Seite 77

Oberer und Unterer Grindelwaldgletscher

Der Obere wie der Untere Grindelwaldgletscher reichten Ende des letzten Jahrhunderts noch fast bis zur Lütschine herab; nach einem starken Rückgang ist in jüngster Zeit wieder ein Anwachsen der Eismassen zu beobachten. Die beliebten Ausflugsziele können mit besonderen Attraktionen aufwarten: der * **Gletscherschlucht** am Unteren und der **Blauen Eisgrotte** am Oberen Grindelwaldgletscher. Einen günstigen Ausgangspunkt für alle Eiswanderungen erschließt die Seilschwebebahn zur **Pfingstegg** (1392 m). Am Fuß des mächtigen Mättenbergs sind mehrere Geologie-Lehrpfade angelegt worden, die sich gut mit dem Besuch eines Gletschers kombinieren lassen (Merkblatt bei der Seilbahn).

Idyllische Almlandschaft bei Grindelwald

Faszinierende Eindrücke der hochalpinen Eis- und Felslandschaft vermitteln die markierten Wege von Pfingstegg zur **Bänisegg** (1807 m) am Unteren Grindelwaldgletscher (2 Std.) und via Halsegg (1348 m) zum Oberen Grindelwaldgletscher (1,5 Std.; gesicherter Steig). Ähnliche Bilder bietet auch die Wanderung über Enge (1670 m) zur **Glecksteinhütte** (2317 m; 4 Std.), die u. a. als Stützpunkt für die Besteigung des **Wetterhorns** (3701 m) dient. Das Wahrzeichen Grindelwalds ist allerdings – auch auf der Normalroute – ein sehr anspruchsvolles Tourenziel. Wer nicht über entsprechende Erfahrung verfügt, aber dennoch einmal den Zauber der Hochgebirgswelt hautnah erleben möchte, sollte den Gang zum Bergführerbüro antreten. Ganz ohne Führer kann man sich dagegen in das Wanderrevier am **Männlichen** (2343 m) wagen; mit der Gondelbahn bis zum Gipfelgrat (2229 m), talwärts zu Fuß.

Herausforderung Berg: das Wetterhorn

Von Grindelwald fährt man mit der Bahn über Zweilütschinen wieder zurück nach * *Interlaken* (s. S. 63).

Sicher auf die großen Gipfel (und zurück): mit einem Bergführer

Route 6

Blaue Seen und weiße Gipfel

* Spiez – * Kandersteg/* Adelboden
(27 km bzw. 30 km)

Diese Tour führt Sie in drei Täler mit ausgezeichneten Wandermöglich-keiten – das stille Kiental, das sanft geschwungene Kandertal und das Engstligental mit seinen Schluchten und Bächen. Im Angesicht der Blümlisalp im wilden Kiental drängt sich fast schon ein Vergleich mit Himalayatälern auf. So richtig erleben können Sie diese Monumentalszenerie allerdings nur als Wanderer, denn auf der Griesalp endet die Straße. Reger Betrieb herrscht auf den Durch-gangswegen im Kandertal und Engst-ligental. Kandersteg und Adelboden gehören zu den renommierten Ferien-orten des Berner Oberlandes und warten mit einer entsprechend guten touristischen Infrastruktur auf. Beide Orte kann man leicht in einem Tages-ausflug besuchen. Wer alle drei Täler aufsuchen und mehr als einen flüch-tigen Blick auf Gipfel und Gletscher der Berner Alpen werfen möchte, sollte mindestens zwei Übernachtun-gen einplanen, z. B. mitten in den Bergen am wunderschön gelegenen Oeschinensee, wo man bei Berner Rösti Hüttenromantik erleben kann.

Ins * Kiental

7 km von * *Spiez* (s. S. 62) bietet es sich an, die Fahrt bei *Mülenen* zu unterbre-chen, um mit der Standseilbahn auf den * **Niesen** (2362 m) zu fahren, der sich über dem Zusammenfluss von Simme und Kander erhebt. Von oben genießen Sie den schönsten Blick auf alle drei Täler und das ganze Berner Oberland. Ein Kilometer hinter Rei-chenbach zweigt links eine Straße in das touristisch weitgehend unberührte * **Kiental** ab. Im ganzen Tal finden sich bemerkenswerte alte Bauernhäuser, wie auch in *Reichenbach* (712 m), 9 km. Der 1542 erbaute „Bären" gehört zu den schönsten Gasthöfen im ganzen Kan-ton; das „Haus Sieber" gegenüber ist ein repräsentativer Bau des ausgehen-den 18. Jhs.

 Bären, Dorfplatz, CH-3713 Reichenbach, ☎ 033/676 12 51. In der urgemütlichen Bärenstube kann man die Kochkünste Jakob Mürners in vollen Zügen genießen. Kein Wunder, dass der „Bären" weit übers Kandertal hinaus bekannt ist. Mo/Di geschl. Ⓢ

Wildwasserweg

Ganz stressfrei kommt man zu Fuß auf dem Wildwasserweg zur Gries-alp (2 Std. von Kiental). Und vor der Talfahrt kann man sich im Berghaus Griesalp noch etwas stärken, z.B. mit einer Griesalpsuppe oder einem Kientaler Reibeküchlein.

Hinter dem ruhig und sonnig gelege-nen Dörfchen *Kiental* (958 m) verengt sich das Tal zunehmend; in steilem An-stieg erreicht man vom Tschingelsee (1150 m), der erst 1987 durch eine ge-waltige Mure aufgestaut wurde, die *Griesalp* (1408 m), 14 km.

Ein Hinweis am Rande: Wer schmale und extrem steile Straßen scheut, sollte in Kiental ins Postauto umsteigen, um die Fahrt zur Griesalp – auf Europas steilster Bergpoststrecke – in Ruhe ge-nießen zu können.

Eine beliebte Hochgebirgstour führt übers *Hohtürli* (2778 m) zum grünblau-en * **Oeschinensee** (1578 m; 6,5 Std.). Inmitten friedvoller Natur kann man hier im Berghaus (☎ 033/675 11 66) essen (z. B. Berner Rösti und Käsefon-due) und übernachten.

Außerordentlich lohnend ist auch bereits ein Abstecher in den Talkessel des *Gamchi* (1672 m; 1 Std.), über dessen Boden sich im Talschluss die vergletscherte Riesenmauer der *Blümlisalp* (3664 m) aufbaut. In 2 Stunden wandert man auf einem markierten Weg weiter aufwärts zur *Gspaltenhornhütte* (2458 m). Wer sich das *Gspaltenhorn* (3436 m) zum Ziel nimmt, muss neben einer ordentlichen Kondition auch Erfahrung in Eis und Fels besitzen (4,5 Std. ab Hütte). Ein Gipfel für jedermann ist dagegen der *Abendberg* (1964 m), klein, aber mit wunderschönem Blick auf die grandiose Kulisse des Kientals (1,5 Std. ab Griesalp).

Verkehrsbüro Kiental,
CH-3723 Kiental,
☎ 033/676 10 10,
🖷 676 13 54.

Berggasthaus Golderli,
☎ 033/676 21 92. Gemütliche Familienpension in herrlicher Lage auf der Griesalp. Ideal für Wanderferien. ⑤

Frutigtal

Fährt man von Reichenbach 14 km in südlicher Richtung weiter, gelangt man nach **Frutigen** (799 m; 7000 Einw.), wo sich das Engstligen- und das Kandertal zum Frutigtal vereinen. Im Ortsteil Oberfeld entdeckt man sehenswerte alte Häuser aus dem 16. bis 19. Jh. Das Gotteshaus, eine der zwölf sog. Thunerseekirchen (s. S. 16), wurde nach dem Dorfbrand von 1726 unter Einbeziehung des gotischen Chors und des Turms (1421) neu erbaut.

Südlich von Frutigen thront auf einer Anhöhe über der Kander die Ruine der *Tellenburg* (13. Jh.).

Verkehrsbüro Frutigen, Dorfstraße 18,
CH-3714 Frutigen. ☎ 033/671 14 21, 🖷 671 54 21.

Für Autos ist auf der Griesalp Endstation

Bei Wanderern ist das Kiental besonders beliebt

Zum Oeschinensee kommt man ganz bequem mit dem Sessellift

6

Seite 89

Nach *Kandersteg

Auf der Weiterfahrt Richtung Kandersteg kommen dann zunächst einmal Kinder (und alle jung Gebliebenen) auf ihre Kosten: Mitten in einem Bergsturzgelände bei Kandergrund lädt der **Tierpark Riegelsee** zum Besuch ein (☉ Ostern bis Okt. tgl. 9.30–18 Uhr). Vor Mitholz (974 m) verführt der kristallklare *Blausee (887 m), ein kleiner, waldumsäumter Märchensee mit Forellenzucht, zu einem Stopp.

 Das Restaurant **Blausee** (☎ 033/ 671 16 41) serviert regionale Spezialitäten. Im Winter geschl. ⑤

Und schließlich ist da noch die Lötschbergbahn (BLS), deren eindrucksvoller Trasse ein braun markierter „Eisenbahn-Erlebnispfad" folgt.

Mit einer großen Doppelschleife samt Spiraltunnel überwindet die Bahn den Höhenunterschied nach *Kandersteg (1176 m; 1000 Einw.), 27 km. Zeugnisse der Bautätigkeit im 18. Jh. sind das *Ruedihus, der wohl schönste Bau im ganzen Tal, sowie einige Hotels. Heutzutage zählt Kandersteg zu den meistbesuchten Ferienorten des Oberlandes.

 Verkehrsbüro, CH-3718 Kandersteg, ☎ 033/675 80 80, 🖷 675 80 81, Internet: www.kandersteg.ch, E-Mail: info@kandersteg.ch.

🚃 Thun–Spiez, Brig. Autoverladung durch den Lötschbergtunnel nach Goppenstein.

 Ruedihus, ☎ 033/675 81 82, 🖷 675 81 85. Schönes, heimeliges Holzhaus aus dem 18. Jh. mit originalem Interieur, samt Himmelbetten in zwei Zimmern. Das Restaurant bietet u. a. köstliche Käsegerichte und verschiedene Rösti. Restaurant Di geschl., Mi ab 17 Uhr geöffnet. ⑤
Oeschinensee, ☎ 675 11 19, 🖷 675 16 66. Einfaches und gemütliches Familienhotel für Bergfexe. ⑤
Waldhotel Doldenhorn, ☎ 033/675 81 81, 🖷 675 81 85. Eine Oase der Ruhe außerhalb des Ortes. Komfortable Zimmer; in den beiden Restaurants wird Gourmetküche geboten. Im Wintergarten gibt's hausgemachte Kuchen und dazu einen herrlichen Bergblick. Restaurants Di geschl. ⑤

6

Seite **89**

Ein Pass mit Vergangenheit: die Gemmi

Auf den heutigen Straßenkarten sucht man den Gemmipass (2322 m) oft vergebens, dabei gehört er zu den ältesten und einst wichtigsten Passwegen der Schweiz, bildet die Gemmi doch die kürzeste Verbindung zwischen dem Berner Oberland und dem mittleren Wallis. Alte Reiseberichte schildern den Weg allerdings als überaus gefährlich, so heißt es in einem Reiseführer aus dem Jahre 1805: „Gelangt man an den fürchterlichen Weg, so setzt sich der Reisende mit dem Gesicht nach hinten gekehrt, lässt sich die Augen verbinden, und die Träger schreiten kräftigen Schrittes singend weiter." Mit dem fürchterlichen Weg ist der Abschnitt über die Gemmiwand gemeint, die in vielen kunstvoll angelegten Kehren durch die steile Südwand verläuft – schon lange als Wanderroute eine Attraktion von Leukerbad. Zu einer richtigen Straße hat es aber nie gereicht; Pläne gab es zwar schon, doch dann wurde die Lötschberglinie gebaut und die Gemmi vergessen. So gehört die schöne Passroute auch heute noch den Wanderern, auf den weitläufigen Almen um den Daubensee weiden im Sommer die Schafe, und im August findet hier oben jedes Jahr ein Schäferfest statt.

Waldhaus, Im Gasterntal, ☎ 033/675 12 73. Wer's ganz romantisch mag, ist hier richtig: keine Autos, viel Natur, Raclette und Rösti auf der Speisekarte, Kerzen am Tisch – aber keine Elektrizität. Geöffnet Mai bis Oktober. Ⓢ

Ausflüge von Kandersteg

Der berühmte alte Saumpfad über die *Gemmi* (2322 m) führt zum * **Daubensee** (2206 m) und zum *Gemmipass*, wo sich ein Prachtblick nach Süden zu den Walliser Alpen auftut. Die meisten nehmen von Eggeschwand die Seilbahn nach *Sunnbüel* (1936 m) und sparen so den anstrengendsten Teil des Weges (Sunnbüel-Gemmi 2,5 Std.). Von der Seilbahnstation bietet sich ein schöner Blick in das malerische * *Gasterntal*. Bis zu den wenigen Häusern von *Selden* (1537 m) führt ein Sträßchen (11 km).

Keine Straße, aber einen Sessellift mit Sommerrodelbahn gibt's zum 1,14 km² großen * **Oeschinensee** (1578 m), umsäumt von steilen Felsmauern und lichtem Wald.

Im Engstligental

Im obersten Engstligental liegt der beliebte Sommer- und Winterferienort * **Adelboden** (1345 m; 3500 Einw.), 30 km. Sein Ortsbild ist heute – eine Folge der rasanten Entwicklung seit den fünfziger Jahren – weitgehend von uniformer Chalet-Architektur geprägt. Bäuerliche Bauten des 16. bis 19. Jhs. sind noch außerhalb des Ortes erhalten, etwa in der Stigelschwand und im Boden. Sehenswert ist die gotische Kirche (1433) mit spätgotischen Fresken und modernen – von Augusto Giacometti geschaffenen – Glasfenstern.

Tourist Center, CH-3715 Adelboden, ☎ 033/ 673 80 80, 🖷 673 80 92.

Mitten im Wald liegt der idyllische kleine Blausee

Kandersteg zählt zu den beliebtesten Ferienorten des Oberlands

Bauernhaus in Adelboden

Fresko in der Adelbodner Kirche

Bären, ☎ 033/673 21 51, 🖷 673 21 90. Das alte Bauernhaus, 1969 gründlich renoviert, ist ein gemütliches Hotel mit jedem Komfort. Die individuell eingerichteten Zimmer sind nach den Gipfeln des Engstligentals benannt. Neben französischen Gerichten zaubert die Küche auch immer wieder Bodenständiges auf den Tisch. Ⓢ **Beau-Site,** ☎ 033/673 22 22, 🖷 673 33 33. Das eher nüchterne Äußere des Hauses verrät wenig über die gastliche Atmosphäre. Im Fitnessstudio können Sportliche ihren Körper trimmen. Wer allerdings nachher im „Gourmet" tafelt, läuft Gefahr, dass der Trainingseffekt zwischen Basilikum-Carpaccio und Käseplatte verpufft. Günstiges Tagesgericht. Ⓢ⟩⟩

Ausflüge von Adelboden

Rauschende Wasserfälle gibt es in der westlich von Adelboden gelegenen *Cholerenschlucht* zu bewundern, die der am zerfurchten Gsür (2708 m) entspringende Tschentenbach gegraben hat (Fußweg 1 Std.). Nervenkitzel verspricht das Abseilabenteuer in die Klamm (im Sommer geführte Touren).

Einen umfassenden Blick auf die Gebirgskulisse von Adelboden hat man von der *Tschentenegg* (1940 m; Sessellift). An der gegenüberliegenden östlichen Talseite bildet der *Große Lohner* (3048 m; 5 Std.) eine wuchtige Barriere.

Lohnend ist ein Abstecher in den Talschluss „Unter dem Berg" zu den * **Engstligenfällen,** die hier über eine hohe Felsstufe herabgischten – ein sehenswertes Naturschauspiel (Fußweg 1,5 Std.). Im Talschluss ragt majestätisch der firnbedeckte *Wildstrubel* (3243 m) auf. Seine Besteigung ist für erfahrene Berggänger wenig schwierig, Gletscherausrüstung aber dennoch unerlässlich. Die Tour wird vielfach von der *Engstligenalp* (1964 m) aus unternommen, weil einem die Seilschwebebahn den Steilanstieg von *Unter dem Berg* (1400 m) zur Alp abnimmt.

Route 7

Bergbauern und Prominente

* **Spiez** – * **Simmental** – **Gstaad** – **Col du Pillon (66 km)**

Im Simmental erwartet den Reisenden eine ländliche Idylle mit hübschen Dörfern inmitten von Wiesen, auf denen das Simmentaler Fleckvieh grast. Internationales Flair charakterisiert hingegen den Nobelort Gstaad, wo sich alljährlich Adel und Prominenz ein Stelldichein geben. Beides ist nur die halbe Wahrheit: Kühe gibt's auch in Gstaad, und das Simmental ist nicht nur heile Bauernwelt. Die Talstraße, um deren Ausbau seit vielen Jahren gestritten wird, zerschneidet am Unterlauf der Simme so manches Dorf, was an Wochenenden immer mal wieder zu Staus führt. Als Ausweichmöglichkeit, garantiert stau- und abgasfrei, bietet sich die bereits 1905 eröffnete Montreux-Berner Oberland-Bahn an: nicht besonders schnell, aber komfortabel. Die Aussicht ist durchaus reizvoll: Sattgrüne Wiesen und schöne Wälder, darüber wunderbare Aussichtsgipfel machen das Simmental zu einem idealen Wandergebiet. Im Winter bieten Zweisimmen, Lenk, Saanenmöser und Saanen-Gstaad beste Voraussetzungen für den alpinen wie den nordischen Skilauf.

Natürlich kann man die Strecke vom Thuner See ins Saanenland leicht in einem Tag abfahren. Wer einen Abstecher ins Diemtigtal oder die Wanderung auf dem Simmentaler Hausweg von Boltigen nach Lenk durch altes Kulturland mit reich verzierten Bauernhäusern machen möchte, sollte hingegen mindestens zwei Tage für diese Route einrechnen.

Den Eingang ins Simmental markiert die felsige Enge der *Port* unweit von **Wimmis** (635 m; 1700 Einw.), 2 km ab * *Spiez* (s. S.62). Über dem stattlichen Dorf erhebt sich am Hang der Burgfluh (981 m) die mittelalterliche Baugruppe von Schloss und Kirche. Die Feste geht im Kernbestand auf das 12./13. Jh. zurück. Das frühromanische Gotteshaus gehört zu den sog. Thunerseekirchen (s. S. 16). Es wurde im 15. Jh. umgestaltet und mit spätgotischen Fresken ausgeschmückt.

Das * **Simmental** ist das längste und bevölkerungsreichste Tal des Berner Oberlandes; es erstreckt sich von der Port bis hinauf zum *Rawilpass* (2429 m), einem alten Übergang ins Wallis. Berühmt geworden ist es durch sein Fleckvieh, das in alle Welt exportiert wird. Im statistischen Mittel liefert jede Simmentaler Kuh pro Jahr etwa 4200 Liter Milch mit einem Fettgehalt von fast 4%. Die Viehzucht hat hier eine lange Tradition; so wurden bereits im ausgehenden Mittelalter Tiere ins Ausland, z. B. nach Italien, verkauft.

Ganz klar die berühmeste Simmentalerin: die gefleckte Kuh

Typisches Simmentaler Haus

Abstecher ins * Diemtigtal

Bei *Oey* (669 m), 6 km, das etwas abseits der Hauptstraße an der Simme liegt, mündet von Süden das rund 20 km lange Diemtigtal, das bis zur *Grimmialp* (1214 m; 14 km) durch ein Sträßchen erschlossen ist. Es gilt als besonders lohnendes Wandergebiet; auf markierten Wegen sind mehrere Aussichtsgipfel recht leicht zu besteigen, etwa der flache *Turnen* (2079 m), das *Seehorn* (2281 m) und die *Männliflue* (2652 m).

Hauptort ist * **Diemtigen** (807 m) in hübscher Hanglage über dem Taleingang mit einem der schönsten Siedlungsbilder des ganzen Oberlandes. An der gewundenen Dorfstraße stehen einige stattliche Bauten, so

Seite 89

Die Kirche von Erlenbach ist innen fast vollständig ausgemalt

beispielsweise der „Hirschen" (Gasthaus) gegenüber der Kirche, dann das 1805 errichtete Großhaus. Beachtenswerte Bauernhäuser finden sich im gesamten Gemeindegebiet, besonders viele sieht man bei der Wanderung an der schmalen Straße, die von Oey an der östlichen Talflanke über Bächlen nach *Riederen* führt (1,5 Std.; Rückweg via Horboden und Diemtigen).

Von Erlenbach bis Zweisimmen

Auf der Hauptstrecke durch das Nieder Simmental erreicht man rasch **Erlenbach** (707 m; 1500 Einw.), 8 km, das ebenfalls mit schönen alten Bauernhäusern aufwartet. Über Bauernarchitektur, Viehzucht und allerlei Historisches informiert das *Talmuseum* im Agensteinhaus (◷ April–Okt. Mi/Sa/So 14–17 Uhr). Hauptsehenswürdigkeit ist aber die *Pfarrkirche*. Die Bilderbibel an der Nordwand, die Chorfresken und das Christophorusbild an der Westwand stammen vom „Erlenbacher Meister" (um 1425).

Ein beliebtes Ausflugsziel in der Umgebung von Erlenbach ist das *Stockhorn* (2190 m), dessen Gipfel einen weiten Blick auf die Berner Alpen, auf den Thuner und Brienzer See und ins Mittelland bietet. Mit der Seilschwebebahn kommt man ganz bequem bis fast zum höchsten Punkt.

Weißenburg (742 m), 14,5 km, war für seine ergiebige Thermalquelle (31 °C) bekannt. Die Ruinen von *Weißenburgbad* (883 m) liegen versteckt in der waldigen Klamm des Bunschenbachs. Gut erhalten sind dafür viele alte Bauernhäuser auf dem Gemeindegebiet.

 Alte Post, CH-3764 Weißenburg, ☎ 033/783 15 15. Gemütlicher, 200 Jahre alter Landgasthof: geschnitzte Holzdecken, getäfelte Zimmer, sogar das heimelige Ofebänkli fehlt nicht. Zu essen gibt's schmackhafte Hausmannskost. ⑤

Auch um *Oberwil* (836 m), dessen Kirche eine sehenswerte spätgotische Ausstattung aufweist, und *Boltigen* (823 m) ist noch manch stilvolles Simmentaler Haus zu entdecken.

✱Simmentaler Hausweg

Das Simmental von seiner gemütlichsten Seite lernt man auf dem Hausweg kennen, der von Wimmis über Erlenbach nach Boltigen führt (ausgeschildert, 5 Std.).

Am Zusammenfluss von Kleiner und Großer Simme liegt – nomen est omen – **Zweisimmen** (941 m; 4000 Einw.), 32 km. Die stattliche *Dorfkirche* mit ihrem spitzen Turm bewahrt eine vollständige Ausmalung des späten 15. Jhs. sowie sehenswerte Glasfenster im Chor (15./16. Jh.). Einen Blick zurück in die „gute alte Zeit" ermöglicht auch das *Obersimmentaler Heimathuus* im historischen Haus am Kirchstalden (◷ Mai bis Okt. Mi/Sa/So 10–12, 14 bis 16.30 Uhr).

 Verkehrsbüro, CH-3770 Zweisimmen, ☎ 033/722 11 33, 🖷 722 25 85.

 Sonnegg, ☎ 722 23 33, 🖷 722 23 54. Gemütliches Familienhotel in ruhiger Lage. Gut ausgestattete Zimmer, Terrassenrestaurant. ⑤

Abstecher ins Ober Simmental

13 km südlich von Zweisimmen liegt **Lenk** (168 m; 2500 Einw.) in einem weiten Tal, das in vorgeschichtlicher Zeit Seebecken war, später durch die Simme bzw. deren Geschiebe aufgefüllt worden ist. Die Lenker hätten gewiss nichts gegen einen See vor ihrer Haustüre einzuwenden, doch kann der Ort auch so mit einigen Attraktionen aufwarten. Da sind neben der Bergumrahmung mit

7

Seite 89

den gewaltigen Nordabstürzen des vergletscherten Wildstrubel (3243 m) im Talschluss die *Heilquellen* zu nennen, deren schwefelhaltiges Wasser vor allem bei Rheuma und bei Erkrankungen der Atmungsorgane Linderung verschaffen (Kurzentrum), dann die schönen Skihänge im Westen wie im Osten, am *Betelberg* (1943 m) und am *Hahnenmoos* (1956 m) und natürlich die ausgesprochen vielfältigen Wandermöglichkeiten. So erreicht man von *Oberried* (1103 m) auf gutem Pfad in einer halben Stunde die *Simmenfälle; weitere 2,5 Stunden beansprucht der interessante Anstieg über Rezliberg zum *Fluhhorn* (2133 m).

In das Tourengebiet um den *Rawilpass* (2429 m) führt eine schmale, kurvenreiche Straße; von ihrem Endpunkt auf der **Iffigenalp** (1584 m; 10 km) steigt man in 2 Stunden hinauf zur Wasserscheide. Allerdings werden einem am alten Saumpfad keine mit Weinfässern beladenen Maultiere mehr begegnen;

Höchster Gipfel des Simmentals ist der Wildstrubel (3244 m)

In der Kirche von Zweisimmen

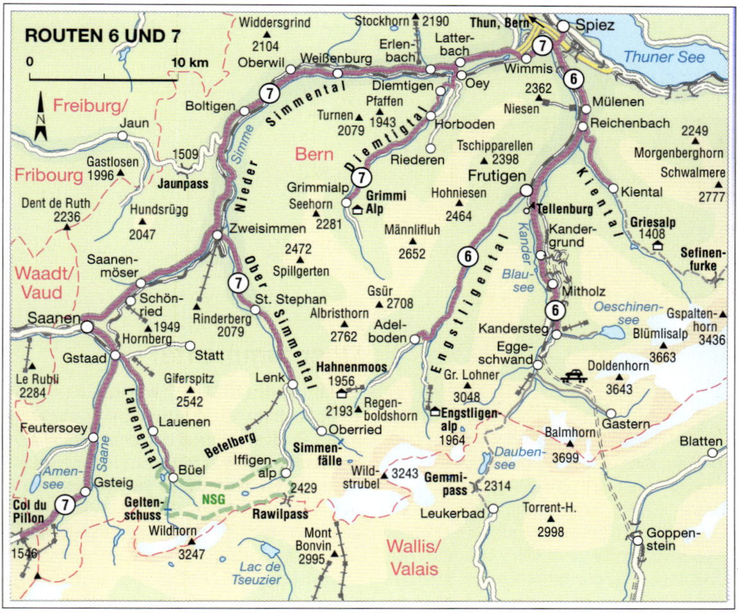

heute wird der Rebensaft aus dem Wallis per Lastwagen „außen herum" befördert, und das wird wohl auch so bleiben, denn die Idee einer Direktverbindung zwischen dem Wallis und dem Ober Simmental ist inzwischen ad acta gelegt.

 Tourist Center,
CH-3775 Lenk,
☎ 033/733 31 31,
📠 733 20 27.

 Krone, ☎ 733 31 61,
📠 733 14 64. Familienhotel mit Kinderbetreuung, Sauna, Solarium, Rotisserie und Fonduestübli. Sportanlagen befinden sich in unmittelbarer Nähe. Ⓢ

 Alpenrose, CH-3772 St. Stephan, ☎ 033/722 12 88,
📠 722 12 11. Hübsche Lage im Fermeltal zwischen Zweisimmen und Lenk (von hier Zufahrt) – gerade richtig für Natur- und Wanderfreunde. Heimelige Zimmer mit Dusche; Hausspezialitäten sind „Buure-Hamme" (Schaffleisch) und „Älplermakkaroni" (s. S. 21), im Herbst steht auch Wild auf der Speisekarte. Ⓢ

Im Saanenland

Der weite Wiesensattel von *Saanenmöser* (1273 m), 39 km, vermittelt den Übergang von Zweisimmen ins *Saanenland*. Dem eigentlichen Hochgebirge vorgelagert, ist das Gebiet gleichermaßen für leichte Wanderungen wie zum Skilauf prädestiniert, mehrere Liftanlagen erschließen die nordseitigen Hänge.

 Alpenrose, CH-3778 Schönried, ☎ 033/744 67 67,
📠 744 67 12. Ein stilvollgepflegtes Chalet, freundliche Gastgeber, erstklassige Küche. Eher Bodenständiges gibt es bei **Sammy's,** feine französische Küche und Spezialitäten aus dem Saanenland im Gourmetrestaurant. Und für Nachtschwärmer ist **Sammy's Bar** ein sicherer Tip. Ⓢ⟩

Bei der Talfahrt von Schönried zur Saane hat man einen hübschen Blick auf **Saanen** (1011 m; 1000 Einw.), 46 km, den alten Hauptort dieses südwestlichen Winkels des Kantons Bern. Das Saanenland war im Mittelalter Besitz der Greyerzer Grafen, kam erst nach

---

7

Seite **89**

Mit Papier und Schere

Fast jeder hat sich als Kind schon einmal in der Kunst des Scherenschnitts versucht, indem er mehr oder minder geschickt Sterne oder Silhouetten ausgeschnitten hat. Als „Malerei der Armen" wurde der Scherenschnitt zur Zeit des Rokoko bezeichnet, nicht ganz zu Unrecht, denn mehr als Papier und eine Schere braucht man für dieses Kunsthandwerk nicht. Für viele war es schlichtweg ein angenehmer Zeitvertreib. Manch einer, wie z. B. der bettelarme, aber begabte Oberländer Johann Jakob Hauswirth (1809–1871), sicherte sich damit sein kärgliches Dasein. Manchmal fertigte er einen Scherenschnitt als Entgelt für eine Mahlzeit oder eine Nacht beim Bauern im Heu.

Seine bevorzugten Motive waren Tiere – vor allem Hirsche – und Ornamente. Glücklicherweise hat sich ein erheblicher Teil seiner Arbeiten bis heute erhalten, da die Bauern seine Kunstwerke sorgsam in großen Bauernbibeln aufbewahrten. Hauswirth fand viele begabte Nachfolger, darunter den aus dem Pays d'Enhaut stammenden Louis David Saugy (1871–1953), der sich auf alpenländische Motive spezialisiert hatte. In den Tälern der Saane und der Simme ist diese Volkskunst bis heute lebendig geblieben. Wer sich davon ein Bild machen will, sollte nach Voranmeldung beim Scherenschneider Hans Jungen in Turbach bei Gstaad vorbeischauen (☎ 033/744 33 21).

---

deren Bankrott 1555 an die Berner. Sehenswert ist die spätgotische *Mauritiuskirche* (1447) mit romanischem Turm und gotischen Fresken.

Landhaus Kranichhof, CH-3792 Saanen, ☎ 033/748 40 40, 🖷 748 40 49. Familienhotel im Ortszentrum, historisches Haus; regionaltypische Küche. Ⓢ

Der Lauenensee ist ein beliebtes Ausflugsziel im Saanenland

Gstaad und Umgebung

Touristisches Zentrum der Region ist natürlich Gstaad (1050 m; 2000 Einw.), 49 km. Im Sommer pilgern Musikliebhaber zu den klassischen Konzerten des Musiksommers hierher, im Winter trifft sich der internationale Jetset. Dann ist Hauptsaison für Journalisten und Fotografen, die über all die gekrönten Häupter und die Prominenz aus dem Showbusiness berichten. Die Bodenpreise sind exorbitant, jene der meisten Pelze, die hier beim Après-Ski getragen werden, auch.

Die Umgehungsstraße macht es nun möglich, dass man auto- und abgasfrei durch das neu gestaltete Dorfzentrum flanieren und sich in den exklusiven Boutiquen mit der neuesten Designerware eindecken kann. Immerhin – weder Hochhäuser noch Mietskasernen verstellen den Blick auf die Umgebung des Nobelortes, und die kann sich durchaus sehen lassen, auch wenn die hochalpine Anmutung fehlt. Zumindest die Aussicht auf Drei- und Viertausender bieten die Höhen rund um Gstaad, etwa der *Wasserngrat* (Liftstation 1936 m), über den ein schöner Höhenweg zum *Lauenenhorn* (2477 m) und weiter auf den *Giferspitz* (2542 m; 3,5 Std.) führt.

Märchenschloss für Betuchte: das „Palace" in Gstaad

Tourismusverband, CH-3780 Gstaad, ☎ 033/748 81 81, 🖷 748 81 83; Internet: www.gstaad.ch, E-Mail: gst@gstaad.ch.

Die Simmenfälle bei Lenk

Gstaad Palace,
☎ 033/748 50 00,
🖷 748 50 01. Das über dem Ort thronende Märchenschloss als „größte Familienpension der Schweiz" zu bezeichnen, ist typisch helvetisches Understatement; immerhin liest sich das Gästebuch wie ein Who's who des internationalen Jetset. Erstklassiges bieten die drei Restaurants, wobei man im „Sans cravate" – nomen est omen – am gemütlichsten tafelt. Ⓢ⟩⟩

Posthotel Rössli,
☎ 033/748 42 42,
🖷 748 42 43. Ein adrettes und gepflegtes 36-Betten-Hotel im Dorfzentrum. Zu essen gibt's gutbürgerliche Schweizer Küche. Ⓢ

Abstecher ins Lauenental

Nur 7 km von der Gstaader Glitzerwelt entfernt liegt das Dörfchen *Lauenen* (1252 m) mit einer sehenswerten spätgotischen Kirche. In dieser weitgehend heilen Bergwelt findet man auf jeden Fall mehr Kuhmist als Souvenirkitsch. Lauenen ist ein guter Ausgangspunkt für Wanderungen. In einstündigem Fußmarsch erreicht man den idyllischen *Lauenensee (1381 m; Bergrestaurant), im Talschluss kann man ein faszinierendes Naturschauspiel, die prächtigen Wasserfälle **Dungelschuss** und *Geltenschuss, erleben.

Gsteig

Die hinterste Gemeinde des Saanenlandes (1184 m; 400 Einw.), 59 km, ist ein ruhiger Ferienort mit guten Wandermöglichkeiten und via *Reusch* (1350 m) mit Anschluss an die große *Diablerets-Seilschwebebahn.* Wer die luftige Fahrt hinauf zum *Sex Rouge* (2971 m) unternimmt, hat – entsprechende Witterung vorausgesetzt – eine weit reichende Aussicht auf die Drei- und Viertausender der Walliser Alpen und nördlich bis zu den Juraketten.

Die Passhöhe des **Col du Pillon** (1546 m), 66 km, liegt bereits auf waadtländischem Boden.

Praktische Hinweise von A–Z

Behinderte

Über behindertengerechtes Reisen und Unterkünfte informieren:
Schweizerischer Invalidenverband, Postfach, CH-4600 Olten,
☎ 062/212 12 62, 🖷 212 31 05.
Mobility International Schweiz, Frohburgstraße 4, CH-4600 Olten,
☎ 062/206 88 35, 🖷 206 88 39.
Nautilus (Reisebüro für Behinderte), Froburgstraße 4, CH-4600 Olten,
☎ 031/212 33 49.

Devisenbestimmungen

Die Ein- und Ausfuhr von Fremd- bzw. Landeswährung ist in unbegrenzter Höhe gestattet.

Diplomatische Vertretungen

Deutschland: CH-3006 Bern, Willadingweg 78-83 (Botschaft),
☎ 031/359 41 11; ⏰ Mo–Fr 9–12 Uhr.
Österreich: CH-3005 Bern, Kirchenfeldstraße 28 (Botschaft),
☎ 031/351 01 11; ⏰ Mo–Fr 9–12 Uhr.
Schweiz: Konsularisches Dienstleistungszentrum der Schweiz (DLZ), Peter-Hensen-Straße 1,
D-53175 Bonn, ☎ 0228/ 8 16 61 00,
🖷 8 16 61 01; ⏰ Mo–Fr 9–12 Uhr.

Einreisebestimmungen

Touristen aus Österreich und Deutschland benötigen für die Einreise in die Schweiz einen gültigen Reisepass oder einen Personalausweis, sofern die Aufenthaltsdauer drei Monate nicht überschreitet. Für Kinder bis 16 Jahre, die nicht in den Pass der Eltern eingetragen sind, ist ein Kinderausweis erforderlich (ab 10 Jahren mit Foto).

7

Seite
89

Elektrizität

Die Netzspannung beträgt 220 Volt Wechselstrom. Schukostecker sind nicht verwendbar (Adapter notwendig).

Feiertage

Neujahrstag, Karfreitag, Ostermontag, Christi Himmelfahrt, Pfingstmontag, 1. August (Nationalfeiertag) und Weihnachten. Dazu kommen konfessionelle Feiertage, die in den entsprechenden Gegenden gefeiert werden: Berchtoldstag (2. Januar), Fronleichnam, Mariä Himmelfahrt (15. August), Allerheiligen (1. November), Mariä Empfängnis (8. Dezember) und Stephanstag (26. Dezember). Der 1. Mai ist nicht überall in der Schweiz, wohl aber im Kanton Bern, ein gesetzlicher Feiertag.

Geld und Währung

Währungseinheit ist der Schweizer Franken. 1 sfr (oder Fr) = 100 Rappen (Rp oder ct). Im Umlauf sind Banknoten zu 1000, 200, 100, 50, 20, 10 sfr, Münzen zu 5, 2, 1 und 0,5 sfr sowie zu 20, 10, 5 und 1 Rp.

Eingeführte ausländische Zahlungsmittel werden bei Banken, Wechselstuben, auf Bahnhöfen, in Reisebüros und größeren Hotels in sfr umgetauscht. *Eurocheques* (Höchstbetrag 300 sfr) werden in den meisten Banken und bei Postämtern eingelöst. Mit ec-Karte und Geheimzahl erhält man ebenso an zahlreichen ec-Geldautomaten *(bancomat)* Landeswährung. In vielen Geschäften und Restaurants kann man auch mit den gängigen Kreditkarten wie Eurocard oder Visa bezahlen (Hinweise meist am Eingang).

Wechselkurs Frühjahr 1999: 100 sfr = 122 DM bzw. 850 öS.

Haustiere

Für Hunde und Katzen benötigt man bei der Einreise ein Tollwutimpfzeugnis. Die Impfung muss mindestens 30 Tage vor der Einreise erfolgen und darf nicht älter als ein Jahr sein.

Information

Auskünfte erhalten Sie bei folgenden Stellen von **Schweiz Tourismus:**
Deutschland
D-60311 Frankfurt/Main, Postfach 16 07 54, ☎ 0 69/25 60 01-0, 🖷 25 60 01 38,
Prospektbestellungen:
☎ 08 00/1 00 30 31 (tgl. 8-21 Uhr),
E-Mail: callcentre@sdmag.ch;
Internet: www.schweizferien.ch.

Österreich
A-1015 Wien, Postfach 34,
☎ 01/5 12 74 05, 🖷 5 13 93 35,
E-Mail: stwien@schweizferien.ch.

Schweiz
Schweizerische Verkehrszentrale,
CH-8027 Zürich, Tödistr. 7,
☎ 01/288 11 11, 🖷 288 12 05,
E-Mail: postoffice@schweizferien.ch.

Touristische Informationen über den Kanton Bern erteilen der **Verkehrsverband Berner Mittelland,** Postfach 27 00, CH-3001 Bern, ☎ 031/311 12 12, 🖷 312 12 33, und der **Berner Oberland Tourismus,** Jungfraustraße 38, CH-3800 Interlaken, ☎ 033/823 03 03, 🖷 823 03 30.

Krankenversicherung

Vor Reiseantritt empfiehlt es sich, bei der Krankenkasse nachzufragen, unter welchen Bedingungen in der Schweiz angefallene Arzt-, Krankenhaus- oder Arzneimittelkosten erstattet werden. Gegebenenfalls sollte man eine private Reisekrankenversicherung abschließen.

Notruf

Polizei: ☎ 117.
Feuerwehr: ☎ 118.
Straßenhilfe: ☎ 140.
Unfallrettung: ☎ 144.

Öffnungszeiten

Banken: Mo–Fr 8.30–16.30 Uhr
(auf dem Land 12–14 Uhr geschl.).

Post: Mo–Fr 7.30–12, 13.45–18 Uhr, Sa 7.30–11 Uhr.

Behörden: Mo–Fr 8–12, 14–17 Uhr.

Geschäfte: Mo–Fr 8–12.30, 13.30 bis 18.30 Uhr, Sa 8–12.30, 13.30–16 Uhr; in den Städten meist auch über Mittag geöffnet. Einmal pro Woche Abendverkauf bis 21 Uhr, dafür sind am Montag Vormittag viele Geschäfte geschlossen.

Kirchen: Zum Schutz vor Diebstählen sind die Kirchen im Kanton Bern oft verschlossen. Den Schlüssel erhält man in der Pfarrei, mitunter auch in einem Nachbarhaus.

Museen: Die Öffnungszeiten sind je nach Jahreszeit recht unterschiedlich; im Winter (Nov. bis April) sind viele kleinere Museen geschlossen. Die jeweiligen Öffnungszeiten sind in diesem Führer unter ⊙ angegeben.

Parkgebühren

In Bern und den meisten größeren Ferienorten gibt es Kurzparkzonen mit Parkuhren. Es empfiehlt sich deshalb, stets etwas Kleingeld zur Hand zu haben (20 oder 50 Rp und 1 sfr).

Postgebühren

Postkarten und Briefe bis 20 g kosten von der Schweiz nach Deutschland bzw. Österreich 90 Rp, bis 50 g 1,20 sfr (Beförderungsdauer mehr als 5 Tage). eilige Sendungen (unbedingt Vermerk „Prioritaire") kosten bis 20 g 1,10 sfr, bis 50 g 1,80 sfr.

Telefon

Auch in der Schweiz setzen sich die Kartentelefone immer mehr durch; *Taxcards* zu 10 oder 20 sfr bekommen Sie bei den Postämtern, an größeren Kiosken und Bahnhöfen. Der Mindesteinwurf bei Münztelefonen beträgt drei 20-Rappen-Münzen. Bei Gesprächen von Hotels und Restaurants muss man mit erheblichen Aufschlägen rechnen. Zu günstigeren Tarifen können Sie Sa und So sowie werktags von 17–19 Uhr und von 21–8 Uhr telefonieren. In der Schweiz sind auch Funktelefone (D1- und D2-Netz) einsetzbar. In vielen Berggegenden ist der Empfang jedoch noch schlecht. Während des Autofahrens ist nur die Benutzung von Telefonen mit Freisprechanlage erlaubt.

Deutschland erreicht man von der Schweiz über die Vorwahl 00 49, Österreich unter 00 43. Für die Schweiz wählt man von Deutschland aus die Vorwahl 00 41, von Österreich 0 50.

Internationale Auskunft: ☎ 191.
Wetterbericht: ☎ 162.
Straßenzustand: ☎ 163.

Zeitungen

Meistgelesene Zeitung der deutschsprachigen Schweiz ist das Boulevardblatt „Blick", eine linksliberale Position verfolgt die vielgelesene „Tages-Anzeiger" aus Zürich, von überregionaler Bedeutung ist die „NZZ" (Neue Zürcher Zeitung), die vor allem in Wirtschaftskreisen (nicht nur in der Schweiz) aufmerksam gelesen wird. Seit 1994 ist das Nachrichtenmagazin „Facts" auf dem Markt.

Will man sich über die Belange der Bundeshauptstadt Bern und des Kantons umfassend informieren, empfiehlt sich die Lektüre der „Berner Zeitung", jeweils donnerstags mit einer Wochen-Agenda.

Zollvorschriften

Bei der Einreise in die Schweiz sind pro Person (ab 17 Jahre) zollfrei zugelassen: für den persönlichen Gebrauch bestimmte Gegenstände wie Kleider, Kameras, Sportgeräte, Musikinstrumente sowie Reiseproviant für einen Tag; Geschenke bis 100 sfr sowie 2 l Alkohol unter und 1 l über 15 °, 200 Zigaretten oder 50 Zigarren oder 250 g Tabak.

Bei der Wiedereinreise ins Heimatland sind pro Person (über 17 Jahre) zollfrei: 200 Zigaretten oder 50 Zigarren oder 250 g Tabak, 1 l Spirituosen und 2 l unter 22 Vol.-% Alkohol sowie Geschenke bis zum Gesamtwert von 350 DM bzw. 2500 öS.

Personenregister